日本国憲法と国の政治①

/100点

1 次の問いに答えましょう。　　　　　　　　　1つ10〔70点〕

(1) 次の文の（　　　）にあてはまる言葉を、あとの[　　]からそれぞれ選びましょう。

●①（　　　　　　　　）は、国の基本的なあり方を定めるもので、日本のすべての法やきまりは、これにもとづいています。

●①の第1条において、天皇は日本の国や国民のまとまりの②（　　　　　　　　）であるとされ、③（　　　　　　　　）の助言と承認にもとづいて④（　　　　　　　　）を行います。

> 象徴　　　内閣　　　日本国憲法　　　国事行為

(2) 次の文が説明している日本国憲法の原則を、それぞれ何といいますか。

①国の政治のあり方は国民が決める。（　　　　　　　）

②だれもが人間らしく生きる権利をもつ。（　　　　　　　）

③戦争を二度とくり返さない。（　　　　　　　）

2 次の文のうち、日本国憲法に定められた国民の権利には○を、義務には△を書きましょう。　　　　　　　1つ6〔30点〕

①（　　　）職業を自由に選ぶ。

②（　　　）選挙で投票する。

③（　　　）税金を納める。

④（　　　）子どもに教育を受けさせる。

⑤（　　　）裁判を受ける。

JN087485

答えは
65ページ

10分

かくにん 1

日本国憲法と国の政治①

／100点

1 次の問いに答えましょう。　1つ10〔70点〕

(1)　日本国憲法が施行された日はいつですか。（　　月　　日）

(2)　日本国憲法が公布された11月3日は、何という国民の祝日になっていますか。（　　　　　　　　　）

(3)　天皇の主な仕事にあてはまるものを、次から2つ選びましょう。（　　）（　　）

⑦法律を公布する。　　　⑦外国の大使などをもてなす。

⑦外国と条約を結ぶ。　　⑦法律の案をつくる。

(4)　次の文にあてはまる矢印を、右の図中の⑦〜⑦から選びましょう。

①国会議員を選挙で選ぶ。（　　）

②裁判官が適任かどうか、国民審査を行う。（　　）

③都道府県知事や市区町村長、議員を選挙で選ぶ。（　　）

国　会　　　　　地方公共団体

国　民

憲法改正　　　最高裁判所

2 右の資料を見て、次の問いに答えましょう。　1つ10〔30点〕

(1)　日本の国会と政府が定めている、右の原則を何といいますか。（　　　　　　　　　）

(2)　資料中の□にあてはまる言葉を書きましょう。（　　　　　　　　　）

(3)　日本国憲法の原則のうち、この資料と最も関係の深いものは何ですか。（　　　　　　　　　）

> 核兵器を
> もたない、
> つくらない、
> □。

答えは
65ページ

日本国憲法と国の政治②

／100点

1 次の文の（　　　）にあてはまる言葉を、あとの ⌐⌐⌐ からそれぞれ選びましょう。

1つ10〔60点〕

●①（　　　　　　　　）は、国の政治の方針について話し合い、多数決で決めていく機関です。

②（　　　　　）院

③（　　　　　　　　　　）院

任期4年
解散あり

任期6年
解散なし

●④（　　　　　　　　）は国の政治を実際に進める機関で、最高責任者は⑤（　　　　　　　　　）です。

●国民から集められた⑥（　　　　　　　　）は、国や地方公共団体の事業に使われています。

> 内閣（ないかく）　　　税金　　　内閣総理大臣
> 国会　　　参議（さんぎ）　　　衆議（しゅうぎ）

2 次の文のうち、国会の仕事には○を、内閣の仕事には△を書きましょう。

1つ8〔40点〕

①（　　　）予算や法律（ほうりつ）を話し合って決める。

②（　　　）内閣総理大臣を選ぶ。

③（　　　）予算案をつくる。

④（　　　）外国と結んだ条約を承認（しょうにん）する。

⑤（　　　）決められた法律や予算にもとづいて、政治を行う。

答えは
65ページ

かくにん **2**

月　　日

日本国憲法と国の政治②

/100点

1 次の文が説明している言葉を書きましょう。　　1つ10〔40点〕

(1) 内閣総理大臣の別のよび方。　　　（　　　　　　　　）

(2) (1)が任命する、各省庁の責任者。　　（　　　　　　　　）

(3) (1)が各省庁の責任者などと行う会議。（　　　　　　　　）

(4) 国民が内閣に対して表す意見。　　　（　　　　　　　　）

2 右のグラフは、選挙の投票率の変化を示したものです。これを見て、次の問いに答えましょう。　　1つ15〔60点〕

(1) このグラフから考えられることについて、次の文の（　　）にあてはまる言葉を、あとの から それぞれ選びましょう。

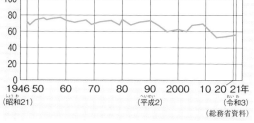

選挙の投票率の変化（衆議院議員総選挙）

投票率(%)

1946 50　60　70　80　90　2000　10 20 21年
(昭和21)　　　　　　　　(平成2)　　　　　(令和3)

（総務省資料）

　近年、選挙の投票率は①（　　　　　　　　）なっている。その結果、②（　　　　　　　　）の声が政治に届きにくくなり、日本国憲法の原則の1つである③（　　　　　　　　）が成り立たなくなるおそれがある。

　高く　　　　　低く　　　　　国民　　　　　内閣
　国民主権　　　基本的人権の尊重　　　　平和主義

---

(2) 選挙で投票できるのは、何才からですか。（　　　　）才

社会6年―**6**

答えは
65ページ

もくじ 社会6年

ページ

1	日本国憲法と国の政治①	3・4
2	日本国憲法と国の政治②	5・6
3	日本国憲法と国の政治③	7・8
4	身近な暮らしと政治①	9・10
5	身近な暮らしと政治②	11・12
6	日本のあけぼの・米づくりが始まる	13・14
7	むらからくにへ・大きな古墳の時代	15・16
8	聖徳太子の政治と大化の改新	17・18
9	聖武天皇の政治と奈良の大仏	19・20
10	藤原道長と貴族の暮らし・文化	21・22
11	源頼朝と鎌倉幕府の政治	23・24
12	北条時宗と元の大軍との戦い	25・26
13	室町幕府と室町時代の文化	27・28
14	天下統一をめざした人々①	29・30
15	天下統一をめざした人々②	31・32
16	江戸幕府の政治①	33・34

ページ

17	江戸幕府の政治②	35・36
18	江戸時代の文化と学問	37・38
19	開国から明治維新	39・40
20	明治維新の改革と文明開化	41・42
21	自由民権運動と2つの戦争①	43・44
22	自由民権運動と2つの戦争②	45・46
23	15年にわたる戦争①	47・48
24	15年にわたる戦争②	49・50
25	新しい日本のあゆみ①	51・52
26	新しい日本のあゆみ②	53・54
27	日本とつながりのある国々①	55・56
28	日本とつながりのある国々②	57・58
29	日本とつながりのある国々③	59・60
30	世界の課題と国際協力①	61・62
31	世界の課題と国際協力②	63・64
	答え	65〜72

この本の使い方

☆おうちの方もお読みください☆

　このドリルは、すべての教科書に合うようにつくられています。あなたの使っている教科書と少しちがうところがあっても、基本的な考え方は同じです。くり返し利用して、毎日の学習に役立ててください。

教科書ドリルは、『きほん』と『かくにん』の2段階構成です。どちらも、目標時間は10分、100点満点になっています。学習がおわったら、採点も行いましょう。

きほん その単元の基本となることがらを確かめる問題です。くり返し解いて、しっかりした基礎知識を身につけましょう。

かくにん 基本となる知識を身につけたところで、その知識をより確かなものにするために、ここで確認しましょう。

答え 答えは最後にあります。　　 答えのページのあとにあります。

※掲載の地図は、ページにより縮尺が異なっている場合があります。また、一部の離島・湖などを省略している場合があります。

写真提供：アフロ、毎日新聞社／アフロ、国立国会図書館

学習記録アプリ ほかの教材でも使えます。

まなサポ **学びサポート**
- 毎日の学習時間をスマホで記録
- 学習時間をグラフでかくにん
- 学習に応じたごほうびを設定できる

裏表紙のQRコードから、くわしいページにアクセスできます。

きほん 3 日本国憲法と国の政治③

/100点

1 次の文の（　　　）にあてはまる言葉を、あとの　　　からそれぞれ選びましょう。

1つ10〔70点〕

● ①（　　　　　　　）は、日本国憲法や②（　　　　　　　）にもとづき、争いごとを解決したり、国民の権利を守ったりする機関です。国民は、だれでも③（　　　　　　　）を受ける権利をもっています。

● 日本では、国の政治を進める役割を、次のように3つの機関に分けています。このしくみを④（　　　　　　　）といいます。

```
┌─────────────────────────┐
│          国会           │
│   ⑤（        ）権       │
└─────────────────────────┘
```

```
┌──────────────────┐      ┌──────────────────┐
│     内閣          │      │     裁判所        │
│ ⑥（      ）権     │      │ ⑦（      ）権     │
└──────────────────┘      └──────────────────┘
```

```
┌────────────────────────────────────────────────┐
│  行政      裁判      立法      司法            │
│  法律      三権分立      裁判所                  │
└────────────────────────────────────────────────┘
```

2 次の文のうち、正しいものには○を、誤っているものには×を書きましょう。

1つ6〔30点〕

①（　　）くじで選ばれた国民が、裁判に参加することがある。

②（　　）三権分立の結果、内閣に権力が集中している。

③（　　）日本の裁判所は最高裁判所の1つだけである。

④（　　）国会以外で法律を制定することはできない。

⑤（　　）憲法の改正は、国民投票で決められる。

答えは
65ページ

10分

かくにん
3

日本国憲法と国の政治③

／100点

1 次の問いに答えましょう。　　　(1)10点、他1つ15〔40点〕

(1)　判決の内容に不服がある場合、同じ事件について、何回まで裁判を受けられますか。　　　　　　　（　　　　　）回

(2)　(1)のようにしている理由を、簡単に書きましょう。
（　　　　　　　　　　　　　　　　　　　　　　　　　　）

(3)　くじで選ばれた国民が裁判に参加し、裁判官と話し合って判決を出す制度を何といいますか。　　　（　　　　　　　　）

2 次の図を見て、あとの問いに答えましょう。　　1つ12〔60点〕

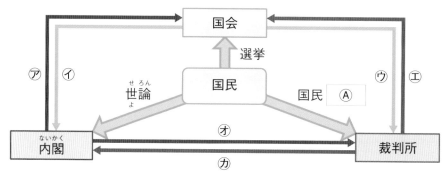

(1)　次の文にあてはまる矢印を、図中のア〜カからそれぞれ選びましょう。　　①（　　　）②（　　　）③（　　　）④（　　　）

①内閣総理大臣を指名する。

②最高裁判所の長官を指名する。

③裁判官をやめさせるかどうかの裁判をする。

④法律が憲法に違反していないかを調べる。

(2)　図中の ⟹ のうち、Ⓐにあてはまる言葉を何といいますか。
（　　　　　　　　　　）

答えは
65ページ

きほん 4 　身近な暮らしと政治①

/100点

1 次の文の（　　）にあてはまる言葉を、あとの　　からそれぞれ選びましょう。

1つ10〔60点〕

●2011年3月11日に、宮城県の沖合の海底を震源とする、大きな
①（　　　　　　　　　）が発生しました。また、その後におし寄せた巨大な②（　　　　　　　　　）によって、まちが破壊されました。

●水道や電気、ガスなどの③（　　　　　　　　）が止まり、人々は④（　　　　　　　　）での生活を強いられました。

●被害が大きかった市は、⑤（　　　　　　　）本部を設置し、災害⑥（　　　　　　　）協定を結んでいる他県の市に、水や食料などの手配を求めました。

> 津波　　相互応援　　避難所
> 地震　　災害対策　　ライフライン

2 東日本大震災に対する支援と復興について、次の文のうち、正しいものには○を、誤っているものには×を書きましょう。

1つ8〔40点〕

①（　　）災害救助法が適用され、自衛隊が派遣された。

②（　　）外国からの支援はまったくなかった。

③（　　）被災した人々の生活を立て直すには、産業を再生させるまちづくりが必要である。

④（　　）復興の費用は被災者が全額負担しなければならない。

⑤（　　）復興には、市や県だけでなく、国も協力している。

身近な暮らしと政治①

/100点

1 次の文が説明している言葉を書きましょう。　1つ20〔60点〕

(1)　2011年3月11日に、東北地方や関東地方で起こった大きな地震などによる災害。　（　　　　　　　）

(2)　被災した地域の復旧とともに、安心や活気を取りもどし、地域の再生を進める。　（　　　　　　　）

(3)　災害が起きたときに、各地からかけつけ、たき出しやがれきの撤去などを手伝う人々。　（　　　　　　　）

2 次の図を見て、あとの問いに答えましょう。　1つ8〔40点〕

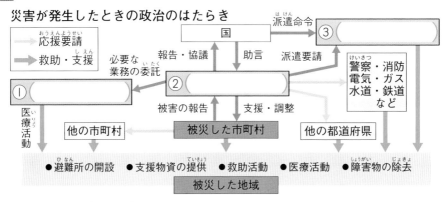

災害が発生したときの政治のはたらき

(1)　図中の（　　　）にあてはまる組織を、右の　　　　からそれぞれ選びましょう。

> 自衛隊　　都道府県
> 日本赤十字社

(2)　**1**(1)に対して国が行ったことを、次から2つ選びましょう。
（　　　）（　　　）

㋐募金活動をした。　　㋑復興に必要な法律や予算を決めた。
㋒復興計画を立てた。　　㋓新しく復興庁を設置した。

> 答えは
> 66ページ

きほん5　身近な暮らしと政治②

／100点

1 次の文の（　　）にあてはまる言葉を、あとの◯◯からそれぞれ選びましょう。
1つ10〔60点〕

●市区町村にはそれぞれ①（　　　　　　）があり、住民が②（　　　　　　）で選んだ市区町村長と議員が、住民の願いを実現するために必要なことを話し合って決めています。

●①の主な仕事としては、③（　　　　　　）を制定・改正・廃止（はいし）したり、市区町村を運営するための④（　　　　　　）を決めることなどがあります。

●市区町村が行う事業の費用には、住民や会社などが市区町村に納（おさ）めた⑤（　　　　　　）が使われるほか、国や都道府県からの⑥（　　　　　　）が使われることもあります。

> 補助金（ほじょきん）　税金　議会　予算　条例　選挙

2 次のうち、地方の政治について、正しいものには○を、誤（あやま）っているものには×を書きましょう。
1つ8〔40点〕

①（　　）高齢者（こうれいしゃ）が、健康で安らかな生活を送れるよう、福祉（ふくし）事業を進めている。

②（　　）人々の争いなどを、裁判（さいばん）を行って解決している。

③（　　）人々の健康を守るため、健康診断（しんだん）や予防接種を行う。

④（　　）市区町村議会では、市区町村が行う事業やその費用について話し合い、決めている。

⑤（　　）税金を納めるのは、会社で働いている人だけである。

答えは66ページ

月　　日

10分

身近な暮らしと政治②

/100点

1️⃣ 次の図は、ある市の公共施設をつくるときの流れを示しています。あとの問いに答えましょう。

(1)は1つ16、(2)は1つ12〔100点〕

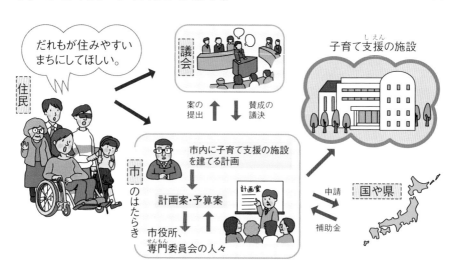

住民「だれもが住みやすいまちにしてほしい。」

議会

案の提出　賛成の議決

市のはたらき
市内に子育て支援の施設を建てる計画
計画案・予算案　計画案
市役所、専門委員会の人々

子育て支援の施設

申請　補助金

国や県

(1)　次の文の役割を果たしているものを、図中の ▨▨ からそれぞれ選びましょう。

①施設をつくってほしいと要望を出した。　（　　　　　）

②計画案や予算案をつくった。　（　　　　　）

③提出された案を議決した。　（　　　　　）

④申請を受けて補助や援助をした。　（　　　　　）

(2)　市の仕事にあてはまるものを、次から3つ選びましょう。

（　　　）（　　　）（　　　）

㋐ごみを回収し、処理する。　　㋑会社のビルを建てる。

㋒道路や橋を整備する。　　㋓個人の家の引っこしをする。

㋔子育て中の人々の生活を助ける。

答えは
66ページ

きほん6 日本のあけぼの・米づくりが始まる

／100点

1 次の絵を見て、（　　）にあてはまる言葉を、あとの◌◌◌から
それぞれ選びましょう。

1つ10〔60点〕

Ⓐ 約5500年前のむら
（想像図）

Ⓑ 1〜3世紀ごろのむら
（想像図）

● Ⓐの人々は、①（　　　　　　　　）や採集をして生活し、縄目
の文様（もんよう）のついた②（　　　　　　　　）土器（ど き）を使っていました。

● Ⓑでは大陸から伝えられた③（　　　　　　　　）が広まり、う
すくてかたい④（　　　　　　　　）土器が使われました。

● Ⓐ・Ⓑどちらにも⑤（　　　　　　　　）住居が見られます。ま
たⒷでは、ほかのむらとの争いに備えた⑥（　　　　　　　　）や
さくが見られます。

> 弥生（やよい）　縄文（じょうもん）　堀（ほり）　米づくり　狩り（か）　たて穴（あな）

2 次の文のうち、米づくりが始まるよりも前のものには○を、始
まってからのものには△を書きましょう。

1つ10〔40点〕

①（　　　）指導者が現れ、人々の間に身分の差が広がった。

②（　　　）手に入れられる食料の量は、安定していなかった。

③（　　　）むらどうしで武器を使って争うようなことはなかった。

④（　　　）祭りの道具として銅鐸（どうたく）が使われた。

答えは
66ページ

かくにん 6

日本のあけぼの・米づくりが始まる

10分

/100点

1 次の文が説明している言葉を、あとの[____]からそれぞれ選びましょう。

1つ12〔60点〕

① 縄文時代の人々が豊かなめぐみを願い、人をかたどってつくった人形。（　　　　　　　）

② 縄文時代の人々が、食べたあとの貝がらや動物の骨を捨てたあと。（　　　　　　　）

③ 稲の穂をかり取るために使われた、右の道具。
（　　　　　　　）

④ 青森県にある縄文時代のむらのあと。（　　　　　　　）

⑤ 佐賀県にある弥生時代のむらのあと。（　　　　　　　）

> 石包丁　貝塚　土偶　吉野ヶ里遺跡　三内丸山遺跡

2 右の絵を見て、次の問いに答えましょう。

1つ10〔40点〕

(1) Ⓐに保存したものは何ですか。
（　　　　　　　）

(2) 米づくりはどこから日本に伝わりましたか。次から2つ選びましょう。
（　　　）（　　　）

⑦中国　　　　⑦アメリカ

⑦朝鮮半島　　⑦ロシア

(3) 絵のむらが、さくで囲まれている理由を、簡単に書きましょう。

（　　　　　　　　　　　　　　　　）

(想像図)

答えは
66ページ

きほん 7

むらからくにへ・大きな古墳の時代

/100点

1 次の文の（　　　）にあてはまる言葉を、あとの[　　　]からそれぞれ選びましょう。

1つ10〔60点〕

● ほかのむらを従えた地域の支配者は①（　　　　　　　）となり、くにをつくって王となるものも現れました。

● 中国の歴史書には、女王②（　　　　　　　）が邪馬台国を治めていた様子が書かれています。

● 4世紀ごろ、奈良盆地を中心に、③（　　　　　　　）を中心人物とする大和朝廷（大和政権）の力が強まりました。

● このころ、中国や朝鮮半島から移り住んだ④（　　　　　　　）が、漢字や⑤（　　　　　　　）を伝えました。

● 8世紀ごろ、日本の成り立ちを記した「⑥（　　　　　　　）」や「日本書紀」がつくられました。

> 大王　　　仏教　　　豪族
> 卑弥呼　　渡来人　　古事記

2 次の文のうち、正しいものには○を、誤っているものには×を書きましょう。

1つ10〔40点〕

①（　　　）邪馬台国の女王は、中国に使いを送り、倭王の称号をあたえられた。

②（　　　）邪馬台国では、人々の間に身分の差はなかった。

③（　　　）古墳には、石器や土偶がならべられた。

④（　　　）青銅器や漢字は、中国や朝鮮半島からわたってきた人々によって日本に伝えられた。

答えは
66ページ

月　日

10分

むらからくにへ・大きな古墳の時代

/100点

1 右の地図を見て、次の問いに答えましょう。　　　1つ15〔60点〕

(1)　地図中の🄰にある、日本で最も大きい古墳を何といいますか。

（　　　　　　　　）古墳

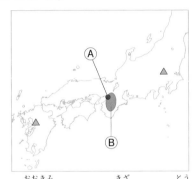

(2)　4世紀ごろに国土の統一を進めた、地図中の🄱を中心とする国の政府を何といいますか。

（　　　　　　　　）朝廷（政権）

(3)　地図中の▲の古墳で、「ワカタケル大王」の名が刻まれた刀剣が出土しました。ここから考えられることをまとめた次の文の（　　　）にあてはまる言葉を、それぞれ書きましょう。

(2)の支配は、①（　　　　　　　）地方から②（　　　　　　　）地方まで広がっていた。

2 右の絵を見て、次の問いに答えましょう。　　　1つ8〔40点〕

(1)　①・②をそれぞれ何といいますか。

①（　　　　　　　　）

②（　　　　　　　　）

(2)　①・②はどんなことに使われましたか。次からそれぞれ選びましょう。

①（　　　）　②（　　　）

㋐祭りの道具　　㋑米づくり　　㋒古墳のかざり　　㋓武器

(3)　③のような形の古墳を何といいますか。（　　　　　　　）墳

答えは
66ページ

きほん 8 聖徳太子の政治と大化の改新

10分

／100点

1 次の文の（　　　）にあてはまる言葉を、あとの＿＿＿からそれぞれ選びましょう。

1つ10〔60点〕

●聖徳太子（厩戸王、厩戸皇子）は天皇中心の新しい政治を進め、

①（　　　　　　　　　　）を定めて能力のある人物を役人に取り立てました。また、小野妹子らを中国へ②（　　　　　　　　　　）として送り、中国の政治のしくみや文化を取り入れました。

●聖徳太子の死後、③（　　　　　　　　　　）や中臣鎌足らは、勢力が大きくなった豪族の④（　　　　　　　　　　）をたおしました。そして、当時の⑤（　　　　　　　　　　）から大化の改新とよばれる⑥（　　　　　　　　　　）中心の国づくりを始めました。

> 天皇　　　遣隋使　　　冠位十二階
> 年号　　　蘇我氏　　　中大兄皇子

2 次のうち、聖徳太子の政治についての文には○を、大化の改新についての文には△を書きましょう。

1つ8〔40点〕

①（　　　）それまで豪族が支配していた土地や人々は、すべて国のものとなった。

②（　　　）蘇我氏と力を合わせて、政治を進めた。

③（　　　）十七条の憲法を定めて、役人の心構えを示した。

④（　　　）法隆寺などの寺を建立して、仏教をさかんにしようとした。

⑤（　　　）中国の法律にならい、農民に稲や布などの税を納めさせることにした。

答えは
67ページ

聖徳太子の政治と大化の改新

/100点

1 次の文が説明している言葉を、あとの ┌┈┈┐ からそれぞれ選びましょう。

1つ10〔40点〕

①遣隋使として中国に送られた人物。　（　　　　　　）

②世界最古の木造建築で、世界遺産にも登録されている右の寺院。　（　　　　　　）

③蘇我氏をたおした中大兄皇子らが始めた政治の改革。

（　　　　　　）

④③で、中大兄皇子とともに中心になった人物。

（　　　　　　）

┌┈┈┈┈┈┈┈┈┈┈┈┈┈┈┈┈┈┈┈┈┈┈┈┈┈┈┈┈┈┈┈┐
　　法隆寺　　　中臣鎌足　　　小野妹子　　　大化の改新
└┈┈┈┈┈┈┈┈┈┈┈┈┈┈┈┈┈┈┈┈┈┈┈┈┈┈┈┈┈┈┈┘

2 右の資料を読んで、次の問いに答えましょう。

1つ20〔60点〕

(1) このきまりを何といいますか。
（　　　　　　）

(2) このきまりを定めたのは、だれですか。（　　　　　　）

(3) このきまりはだれの心構えを示したものですか。次から選びましょう。（　　　　　　）

⑦僧　　　⑦天皇　　　⑦役人

┌─────────────────────┐
│ 第1条　人の和を大切にしなけ │
│ 　　　　ればなりません。 │
│ 第2条　仏教をあつく敬いなさ │
│ 　　　　い。 │
│ 第3条　天皇の命令には従いな │
│ 　　　　さい。 │
│ 第12条　地方の役人が、勝手に │
│ 　　　　みつぎ物を受け取っては │
│ 　　　　なりません。　（一部） │
└─────────────────────┘

答えは
67ページ

きほん 9
聖武天皇の政治と奈良の大仏

/100点

1 次の文の（　　）にあてはまる言葉を、あとの　　からそれぞれ選びましょう。

1つ10〔60点〕

● 8世紀の初め、奈良に新しい都として①（　　　　　　　）がつくられました。

● 聖武天皇は、仏教の力で不安な世の中を治めようとして、国ごとに②（　　　　　　　）を建てることを命じ、また、都には③（　　　　　　　）を建てて、大仏をまつらせました。

● 大仏づくりには④（　　　　　　　）という僧も協力しました。また、同じころ、中国から⑤（　　　　　　　）というすぐれた僧が来日し、⑥（　　　　　　　）を建てて、仏教の発展につくしました。

```
鑑真    行基    東大寺    平城京    国分寺    唐招提寺
```

2 次の文のうち、奈良時代について正しいものには○を、誤っているものには×を書きましょう。

1つ8〔40点〕

①（　　）遣隋使が送られ、中国の進んだ文化や大陸の文物を日本に伝えた。

②（　　）新しい都は中国（唐）の都長安を手本につくられ、ごばんの目のように道路で区切られていた。

③（　　）蘇我氏の力が、天皇をしのぐほどに大きくなった。

④（　　）農民は、遠くはなれた都での土木工事や、兵士として都や九州の守りにもかりだされた。

⑤（　　）農民は、地方の特産物を税として納めた。

答えは
67ページ

かくにん 9

聖武天皇の政治と奈良の大仏

／100点

1 次の文が説明している言葉を、あとの　　からそれぞれ選びましょう。

1つ10〔70点〕

①稲の収穫高の約３％を納める税。（　　　　　　）

②都へ運ばれてくる荷物につけられた木の札。（　　　　　　）

③高い位をあたえられ政治に参加するようになった有力な豪族など。（　　　　　　）

④中国（唐）にならってつくられた法律。（　　　　　　）

⑤飛鳥につくられた日本で最初の本格的な都。（　　　　　　）

⑥奈良時代に中国に送られた使い。（　　　　　　）

⑦天皇の持ち物や宝物を収めた東大寺の倉。（　　　　　　）

```
租　貴族　律令　木簡　正倉院　藤原京　遣唐使
```

2 右の資料を読んで、次の問いに答えましょう。

1つ10〔30点〕

(1) 資料の命令を出した天皇はだれですか。

（　　　　　　）天皇

(2) 資料中の　　に共通してあてはまる言葉を書きましょう。

（　　　　　　）

(3) 資料の命令が出された理由を、「仏教」の言葉を用いて簡単に書きましょう。

（　　　　　　）

> このたび、人々とともに仏の世界に近づこうとして、金銅の　　をつくることを決心した。
> 　国中の銅を用いて　　をつくり、大きな山をけずって　　殿を建て、仏の教えを広めよう。（一部）

答えは
67ページ

きほん 10 藤原道長（ふじわらのみちなが）と貴族（きぞく）の暮（く）らし・文化

／100点

1▶ 次の文の（　　）にあてはまる言葉を、あとの ┊┈┊ からそれぞれ選びましょう。

1つ10〔60点〕

● 8世紀の末、①（　　　　　　　）という新しい都がつくられました。

● 朝廷（ちょうてい）の政治はしだいに一部の②（　　　　　　　）によって進められるようになりました。11世紀の初めには、中臣鎌足（なかとみのかまたり）の子孫である③（　　　　　　　）が大きな力をもちました。

● このころ文学では、④（　　　　　　　）が「源氏物語（げんじものがたり）」を、

⑤（　　　　　　　）が「枕草子（まくらのそうし）」をあらわしました。これらは、

⑥（　　　　　　　）を使って書かれています。

```
貴族（きぞく）        藤原道長（ふじわらのみちなが）        かな文字
平安京（へいあんきょう）    紫式部（むらさきしきぶ）        清少納言（せいしょうなごん）
```

2▶ 次の文のうち、平安時代について正しいものには○を、誤（あやま）っているものには×を書きましょう。

1つ8〔40点〕

①（　　）現在の京都府（きょうと）に、都がおかれた。

②（　　）天皇（てんのう）の命令で、東大寺（とうだいじ）に大仏（だいぶつ）がつくられた。

③（　　）端午（たんご）の節句や七夕（たなばた）など、現在にも受けつがれている行事が行われていた。

④（　　）農民たちは、囲碁（いご）やけまりをして楽しんだり、和歌をよんだりした。

⑤（　　）貴族の生活などをえがいた、日本風の絵である大和絵（やまとえ）が生まれた。

答えは
67ページ

10分

藤原道長と貴族の暮らし・文化
（ふじわらのみちなが）（きぞく）（く）

／100点

1 次の文が説明している言葉を、あとの◻️からそれぞれ選びましょう。

1つ8〔40点〕

①漢字をくずした右の文字。

（　　　　　　　　）

②漢字の一部をとった右の文字。

（　　　　　　　　）

う い あ ウ イ ア
お え　 オ エ

③貴族（きぞく）が住んだ大きなやしきのつくり。（　　　　　　　　）

④はなやかな貴族の生活をえがいた紫式部（むらさきしきぶ）の小説。

（　　　　　　　　）

⑤清少納言（せいしょうなごん）が朝廷（ちょうてい）に仕えながら感じたことをつづった随筆（ずいひつ）。

（　　　　　　　　）

┌───┐
寝殿造（しんでんづくり）　枕草子（まくらのそうし）　カタカナ　源氏物語（げんじものがたり）　ひらがな
└───┘

2 右の資料を見て、次の問いに答えましょう。

1つ20〔60点〕

(1)　この歌をよんだ人物はだれですか。

（　　　　　　　　）

(2)　この歌はどんな気持ちをあらわしていますか。次から選びましょう。　（　　　　　　）

⑦ふるさとをなつかしむ気持ち。

⑦つらい生活をなげく気持ち。

⑦この世は自分の思い通りだと満足した気持ち。

(3)　このころに、中国（ちゅうごく）の文化をもとにして、日本で生まれた新しい文化を何といいますか。（　　　　　　）

┌──────────────┐
この世をば

わが世とぞ思う

もち月の

かけたることも

なしと思えば
└──────────────┘

きほん 11 源頼朝と鎌倉幕府の政治

/100点

1 次の文の（　　　）にあてはまる言葉を、あとの　　　からそれぞれ選びましょう。

1つ10〔50点〕

●平安時代の終わりになると①（　　　　　）が力をもちはじめ、その中でも力を強めた源氏の一族と平氏の一族が勢力を競いました。

●②（　　　　　　）が平治の乱で源氏を破り、一度は平氏が政権をにぎりましたが、壇ノ浦の戦いでほろびました。1192年、③（　　　　　　）は④（　　　　　　）に任命されました。③が鎌倉に開いた政府を鎌倉幕府といいます。

●源氏の将軍が3代で絶えると、⑤（　　　　　　）の職についていた北条氏が、鎌倉幕府の政治を進めました。

> 執権　　平清盛　　征夷大将軍　　武士　　源頼朝

2 次の文のうち、正しいものには○を、誤っているものには×を書きましょう。

1つ10〔50点〕

①（　　）平清盛は、武士で初めて太政大臣になった。

②（　　）源頼朝は、国ごとに地頭を置き、軍事や警察の仕事を行わせた。

③（　　）「いざ鎌倉」とは、武士が命がけで自分の領地を守ることである。

④（　　）源氏の将軍が3代で絶えると、幕府は朝廷をたおそうとした。

⑤（　　）北条政子のもとに集まった武士は、朝廷の軍を破った。

答えは
67ページ

月　　日

10分

源頼朝と鎌倉幕府の政治

/100点

1 右の地図を見て、次の問いに答えましょう。　　1つ8〔40点〕

(1) 次のできごとが起こった場所を、地図中の⑦〜①からそれぞれ選び、地名も書きましょう。

① 源氏が平氏をほろぼした。

場所 (　　　)

地名 (　　　　　　　)

② 源頼朝が幕府を開いた。

場所 (　　　)

地名 (　　　　　　　)

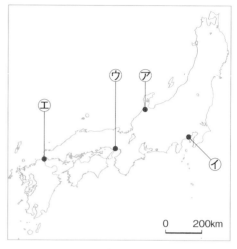

0　　200km

(2) 源氏の軍を率いて活やくしたものの、兄である源頼朝と対立し、東北に追われたのはだれですか。　　(　　　　　　　　)

2 右の図を見て、次の問いに答えましょう。　　1つ10〔60点〕

(1) 図中の①・②にあてはまるものを、次から2つずつ選びましょう。

①(　　)(　　)　②(　　)(　　)

⑦ 幕府のために戦う。

① 新しく領地をあたえる。

⑦ 領地を保護する。

① 鎌倉や京都の警備をする。

幕府
(将軍)

①

②

武士
(御家人)

(2) 図中の①・②はそれぞれ何という言葉であらわされますか。

①(　　　　　　)　②(　　　　　　)

答えは
67ページ

北条時宗と元の大軍との戦い

/100点

1 次の文の（　　　）にあてはまる言葉を、あとの[　　]からそれぞれ選びましょう。

1つ10〔60点〕

● 13世紀ごろ、中国を従えた①（　　　　　　　）は、国名を元と定めました。さらに日本も従えようとした元は、2度にわたって②（　　　　　　　）にせめてきました。

● このとき鎌倉幕府の執権だった③（　　　　　　　）は、守りを固めるために博多湾に防塁（石塁や土塁など）を築き、武士たちを集めて元軍と戦いました。武士たちは元軍の「てつはう」とよばれた④（　　　　　　　）や⑤（　　　　　　　）戦術に苦しみながらも、これを退けました。

● ⑥（　　　　　　　）は、元軍との1度目の戦いで恩賞をもらえなかったため鎌倉まで行き、幕府に直接うったえました。

```
        モンゴル        竹崎季長        九州北部
        集団          北条時宗        火薬兵器
```

2 次の文のうち、正しいものには○を、誤っているものには×を書きましょう。

1つ10〔40点〕

①（　　）幕府は、日本を従えようとする元の要求を受け入れた。

②（　　）元軍は、武士の抵抗や暴風雨により、2度とも大きな損害を受けて大陸に引きあげた。

③（　　）元軍に敗れた幕府は、元に支配された。

④（　　）元軍との戦いで活やくした武士たちは、幕府から十分な領地をもらえず、幕府に不満をもった。

答えは
68ページ

かくにん 12

ほうじょうときむね　げん
北条時宗と元の大軍との戦い

/100点

1 次の文を読んで、あとの問いに答えましょう。

(3)30点、他1つ15〔60点〕

> 　13世紀に外国がせめてきたとき、<u>幕府</u>の　Ⓐ　の北条時宗
> のもと、武士たちは多くの費用を使い、幕府のために命がけ
> で戦いました。しかし、幕府から　Ⓑ　ため、武士たちは幕
> 府に不満をもつようになりました。

(1)　下線部の幕府の名前を書きましょう。

（　　　　　　　　　）幕府

(2)　Ⓐ にあてはまる言葉を、次から選びましょう。（　　　）
　㋐将軍　　　㋑執権　　　㋒守護　　　㋓摂政

(3)　Ⓑ にあてはまる内容を、「領地」の言葉を用いて簡単に
書きましょう。

（　　　　　　　　　　　　　　　　　　　）

2 右の資料を見て、次の問い
に答えましょう。　1つ10〔40点〕

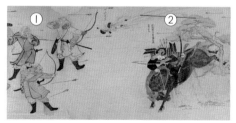

(1)　資料は、日本とどこの国
の軍が戦っている様子です
か。　（　　　　　　　）

(2)　①・②のうち、日本の武士はどちらですか。　（　　　）

(3)　武士たちを苦しめた(1)の軍の戦い方や武器を、次から2つ選
びましょう。
　　　　　　　　　　　　　（　　　）（　　　）
　㋐集団戦術　　　㋑防塁　　　㋒騎馬戦　　　㋓火薬兵器

答えは
68ページ

きほん 13

室町幕府と室町時代の文化

/100点

1 次の文の（　　　）にあてはまる言葉を、あとの[   ]からそれぞれ選びましょう。

1つ10〔60点〕

● 14世紀に、足利氏が京都に①（　　　　　　　　）幕府を開きました。

● 3代将軍②（　　　　　　　　）は、中国の③（　　　　　　　　）との国交を開き、貿易を行いました。また、京都の北山に金閣を建てました。

● 8代将軍④（　　　　　　　　）は、京都の東山に銀閣を建てました。

● 中国から帰国した⑤（　　　　　　　　）は、日本独自の水墨画（すみ絵）を完成させました。⑥（　　　　　　　　）とその父の観阿弥は、能を芸術として完成させました。

> 明　　雪舟　　室町　　世阿弥　　足利義政　　足利義満

2 次の文のうち、室町文化について正しいものには○を、誤っているものには×を書きましょう。

1つ8〔40点〕

①（　　）日本の歴史をまとめた「古事記」や「日本書紀」が完成した。

②（　　）紫式部が、かな文字で「源氏物語」を書いた。

③（　　）武士や貴族の間で、茶の湯や生け花がさかんになった。

④（　　）各地で、祭りやぼんおどりがさかんになった。

⑤（　　）石や砂をたくみに使った庭園づくりに、差別を受けていた人々が活やくした。

答えは
68ページ

月　　日

10分

室町幕府と室町時代の文化
（むろまちばくふ）

/100点

1 次の文が説明している言葉を、あとの _____ からそれぞれ選びましょう。

1つ10〔60点〕

①室町時代の有力な武将たちのよび名。（　　　　　）

②足利義満が京都の北山に建てた別荘。（　　　　　）

③足利義政が京都の東山に建てた別荘。（　　　　　）

④雪舟が墨だけでえがいた絵。（　　　　　）

⑤観阿弥・世阿弥の父子が大成した芸能。（　　　　　）

⑥足利義政が将軍のときに京都で起こった大きな戦乱。
（　　　　　）

> 能　　銀閣　　大名　　金閣　　水墨画　　応仁の乱

2 右の資料を見て、次の問いに答えましょう。

1つ10〔40点〕

⑴ このような部屋のつくりを何といいますか。

（　　　　　　　　）

⑵ 資料中から、現在の和室にも受けつがれているものを探して、2つ書きましょう。

（　　　　　　　　）

（　　　　　　　　）

⑶ このような部屋にかざるためにさかんになった文化を、次から選びましょう。
（　　　）

㋐茶の湯　　㋑生け花　　㋒狂言　　㋓和歌

答えは
68ページ

きほん 14

天下統一をめざした人々①

/100点

1 次の文の（　　　）にあてはまる言葉を、あとの［＿＿］からそれぞれ選びましょう。

1つ10〔60点〕

● 織田信長は、①（　　　　　　　　　）の戦いで今川義元を破り、足利氏の将軍を②（　　　　　　　　　）から追放して室町幕府をほろぼしました。琵琶湖のほとりの③（　　　　　　　　　）に城を築いて天下統一の拠点としました。

● 日本にキリスト教が伝えられたころ、スペインやポルトガルといったヨーロッパの国との④（　　　　　　　　　）がさかんに行われ、⑤（　　　　　　　　　）などの港町が栄えました。

● 信長は、天下統一の途中、家来の⑥（　　　　　　　　　）にそむかれ、本能寺で自害しました。

> 堺　　京都　　安土　　桶狭間　　南蛮貿易　　明智光秀

2 次の文のうち、織田信長について正しいものには○を、誤っているものには×を書きましょう。

1つ8〔40点〕

①（　　）長篠の戦いでは、大量の鉄砲を使った戦法で、武田氏をたおした。

②（　　）中国（明）と国交を開き、貿易を始めた。

③（　　）城下町では、商人や職人はだれでも自由に商工業ができるようにした。

④（　　）キリスト教を禁止し、きびしく取りしまった。

⑤（　　）比叡山延暦寺や、石山本願寺の一向宗などの仏教勢力をおさえこんだ。

答えは
68ページ

かくにん 14
天下統一をめざした人々①

/100点

1 次の文が説明している言葉を、あとの ___ からそれぞれ選びましょう。

1つ10〔50点〕

①各地で土地を支配するようになった武将。（　　　　　）

②初めて鉄砲が伝えられた鹿児島県の島。（　　　　　）

③鉄砲とほぼ同時期に、ザビエルによってヨーロッパから伝えられた宗教。（　　　　　）

④織田信長が焼いた比叡山の寺。（　　　　　）

⑤織田信長が自害した京都の寺。（　　　　　）

> 種子島　　延暦寺　　本能寺　　戦国大名　　キリスト教

2 右の資料を見て、次の問いに答えましょう。(4)1つ20、他1つ10〔50点〕

(1) この戦いを何といいますか。

（　　　　　　）の戦い

(2) 徳川家康と連合し、この戦いに勝った武将はだれですか。

（　　　　　　）

(3) (2)の軍をあらわしているのは、ⓐ・ⓘのどちらですか。

（　　　　　　）

(4) (3)と答えた理由を、資料にえがかれている武器にふれながら、簡単に書きましょう。

（　　　　　　　　　　　　　）

答えは
68ページ

きほん 15 天下統一をめざした人々②

/100点

1　次の文の（　　　）にあてはまる言葉を、あとの └┄┄┘ からそれぞれ選びましょう。

1つ10〔50点〕

●織田信長の家来の武将だった①（　　　　　　　　　）は、信長が自害したあとに明智光秀をたおし、②（　　　　　　　）城を築いて拠点としました。

●①は、朝廷から③（　　　　　　　）に任じられ、ほかの大名や④（　　　　　　　）などの仏教勢力をおさえ、天下を統一しました。

●①は天下を統一したあと、中国（明）を征服しようとして、2度にわたり⑤（　　　　　　　）に大軍を送りました。しかし①の病死により、大名たちは兵を引きあげました。

┌┄┄┄┄┄┄┄┄┄┄┄┄┄┄┄┄┄┄┄┄┄┄┄┄┄┄┄┄┄┐
┊　大阪　　一向宗　　関白　　朝鮮　　豊臣秀吉　┊
└┄┄┄┄┄┄┄┄┄┄┄┄┄┄┄┄┄┄┄┄┄┄┄┄┄┄┄┄┄┘

2　次の文のうち、豊臣秀吉について正しいものには○を、誤っているものには×を書きましょう。

1つ10〔50点〕

①（　　）桶狭間の戦いで今川義元を破った。

②（　　）足利氏の将軍を京都から追い出し、室町幕府をほろぼした。

③（　　）百姓から刀や鉄砲などの武器を取り上げた。

④（　　）検地を行い、田畑の広さや土地のよしあし、耕作している人などを調べた。

⑤（　　）家来にそむかれ、京都の本能寺で自害した。

答えは 68ページ

天下統一をめざした人々②

/100点

1 次の資料を見て、あとの問いに答えましょう。

(5)20、他1つ16〔100点〕

(想像図)

ⓘ

一　諸国の百姓が、刀・弓・やり・鉄砲などの武器を持つことを禁止する。武器をたくわえ、年貢を出ししぶり、□□□をくわだてて領主に反抗する者は、罰する。　　(一部)

(1)　あは、何をしているところですか。　　　（　　　　　　　　）

(2)　次の文の（　　　）にあてはまる言葉を、ⓘの資料からぬき出して書きましょう。

> あが行われた目的は、百姓から確実に（　　　　　　　）を取り立てることでした。

(3)　ⓘの命令を、何といいますか。　　　（　　　　　　）令

(4)　ⓘの資料中の□□にあてはまる言葉を、次から選びましょう。
　⑦祭り　　　⑦収穫　　　⑦一揆　　　⑦貿易　　（　　　）

(5)　あ・ⓘによって、社会のしくみはどのように変わりましたか。「身分」の言葉を用いて簡単に書きましょう。
　（　　　　　　　　　　　　　　　　　　　　　　　　　）

(6)　あ・ⓘを命じた人物が、中国（明）を征服しようとして、2度にわたって大軍を送りこんだ国はどこですか。
　　　　　　　　　　　　　　　　　（　　　　　　　　　）

答えは
68ページ

きほん 16 江戸幕府の政治①

/100点

1 次の文の（　　　）にあてはまる言葉を、あとの[　　　]からそれぞれ選びましょう。

1つ8〔64点〕

● 徳川家康は、1600年に起こった①（　　　　　　　）の戦いに勝ち、1603年には朝廷から②（　　　　　　　）に任じられて、③（　　　　　　　）に幕府を開きました。

● 江戸幕府は大名を、徳川家の親類である④（　　　　　　　）、古くから徳川家に仕えてきた⑤（　　　　　　　）、関ヶ原の戦いのころに徳川家に従った⑥（　　　　　　　）に区別し、全国に配置しました。

● また、大名を取りしまるために⑦（　　　　　　　）というきまりを定めました。

● 武士や町人は⑧（　　　　　　　）に集まって住みました。また、百姓には五人組をつくらせ、だれかが年貢を納めなかったり、罪を犯したりした場合には、共同で責任を負わせました。

```
江戸　　関ヶ原　　譜代　　親藩　　外様
　城下町　　武家諸法度　　征夷大将軍
```

2 次の文のうち、徳川家光について正しいものには○を、誤っているものには×を書きましょう。

1つ9〔36点〕

① （　　　）スペイン船やポルトガル船の来航を禁止した。
② （　　　）大名の参勤交代を制度として定めた。
③ （　　　）宣教師がキリスト教を広めることを認めた。
④ （　　　）島原・天草一揆を、大軍を送っておさえた。

答えは
69ページ

江戸幕府の政治①

/100点

1 右のグラフを見て、次の問いに答えましょう。　1つ10〔40点〕

(1) グラフ中の①・②にあてはまる身分を、次からそれぞれ選びましょう。

①（　　　）　②（　　　）

⑦武士　　④百姓（ひゃくしょう）　⑦皇族（こうぞく）　⑤公家（くげ）

(2) 町人（ちょうにん）にあてはまる人々を、次から2つ選びましょう。
（　　　）（　　　）

⑦神官（しんかん）　④商人　⑦僧（そう）　⑤職人

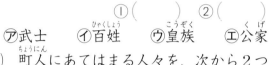

身分ごとの人口の割合（わりあい）
（江戸（えど）時代の終わりごろ）

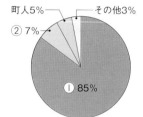

町人5%　　その他3%
②7%
①85%

2 右の地図を見て、次の問いに答えましょう。　1つ15〔60点〕

(1) 地図中の①・②のうち、外様大名（とざまだいみょう）はどちらですか。
（　　　）

(2) 外様大名にあてはまる説明を、次から選びましょう。
（　　　）

⑦徳川家（とくがわ）の親類

④古くからの徳川家の家臣（かしん）

⑦関ヶ原（せきがはら）の戦いのころに徳川家に従（したが）った大名

①…●　主な大名の配置
②…▲　（1632年ごろ）

江戸

0　　200km

(3) 大名たちが一年おきに江戸と自分の領地とを行き来する制度を何といいますか。
（　　　　　　　）

(4) (3)の制度が大名たちの負担（ふたん）になった理由を、「費用」の言葉を用いて簡単（かんたん）に書きましょう。
（　　　　　　　　　　　　　　　　　　）

答えは
69ページ

きほん 17

江戸幕府の政治②
（えどばくふ）

/100点

1 次の文の（　　　）にあてはまる言葉を、あとの[　　]からそれぞれ選びましょう。

1つ10〔60点〕

● はじめ、江戸幕府（えどばくふ）は、大名（だいみょう）や商人に①（　　　　　）をあたえ、外国との貿易をさかんにしようとしました。商人たちは東南アジアなどに出かけていき、各地に②（　　　　　）をつくりました。

● 徳川家光（とくがわいえみつ）のとき、九州（きゅうしゅう）で③（　　　　　）が起こりました。大軍を送って、これをおさえた幕府は、貿易の相手国を中国（ちゅうごく）と④（　　　　　）に限り、貿易港も⑤（　　　　　）だけとしました。⑤には⑥（　　　　　）という人工の島がつくられました。

```
出島    長崎    日本町    朱印状    オランダ    島原・天草一揆
（でじま）（ながさき）（にほんまち）（しゅいんじょう）　　　　　　　（しまばら・あまくさいっき）
```

2 次の文のうち、正しいものには○を、誤（あやま）っているものには×を書きましょう。

1つ8〔40点〕

①（　　）鎖国中も、キリスト教は許された。
（さこく）

②（　　）江戸幕府はキリスト教の信者が増えると、日本人が海外に行くことも、海外から帰ることも禁止した。

③（　　）朝鮮（ちょうせん）とは、豊臣秀吉（とよとみひでよし）が軍を送って以来、江戸時代を通じてまったく交流がなかった。

④（　　）琉球（沖縄県）は、薩摩藩（さつまはん）に征服（せいふく）された。
（りゅうきゅう）（おきなわ）

⑤（　　）蝦夷地（北海道）では、松前藩（まつまえ）がアイヌの人々との交易を行っていた。
（えぞち）（ほっかいどう）

答えは
69ページ

かくにん 17 江戸幕府の政治②

月　　日　　10分

／100点

1 次の文が説明している言葉を、あとの ［＿＿＿＿］からそれぞれ選びましょう。

1つ10〔60点〕

①江戸幕府がとった、日本人が外国に行くことを禁止し、貿易を制限した体制。　　　　　　（　　　　　　　）

②①の間も貿易が行われた国2つ。

（　　　　　　　）（　　　　　　　）

③将軍がかわると朝鮮から送られた使節。（　　　　　　　）

④薩摩藩に征服された国。　　　　　　　（　　　　　　　）

⑤アイヌの人々を率いて戦った人物。　　（　　　　　　　）

> 琉球　鎖国　中国　通信使　オランダ　シャクシャイン

2 右の絵を見て、次の問いに答えましょう。

1つ20〔40点〕

(1) この絵が示す、キリスト教の信者かどうかを確認するために行われた取りしまりを何といいますか。

（　　　　　　　）

(想像図)

(2) 江戸幕府がキリスト教を禁止した理由を、次から選びましょう。

（　　　　　　　）

㋐仏教信者が少なくなって、僧たちが困っていたから。

㋑キリスト教信者が、貿易の利益を独占していたから。

㋒キリスト教信者が団結して、幕府の命令に従わなくなることをおそれたから。

答えは
69ページ

きほん 18

江戸(えど)時代の文化と学問

/100点

1 次の文の（　　　）にあてはまる言葉を、あとの⬚⬚⬚⬚からそれぞれ選びましょう。　1つ10〔60点〕

● 江戸(えど)時代になると、力をつけてきた①（　　　　　　　）が活気のある文化を生み出しました。

● ②（　　　　　　　）は多くの芝居(しばい)の脚本(きゃくほん)を書き、人気を集めました。③（　　　　　　　）は「東海道五十三次(とうかいどうごじゅうさんつぎ)」などの浮(う)世絵(よえ)をえがきました。

● 学問では、オランダ語の書物を通してヨーロッパの知識や技術を研究する④（　　　　　　　）がさかんになりました。一方で、仏教や儒教(じゅきょう)が伝わるよりも前の日本人の考え方を知ろうとする⑤（　　　　　　　）も広まりました。

● 百姓(ひゃくしょう)や町人(ちょうにん)の子どもは、⑥（　　　　　　　）で読み書きやそろばんを習いました。

| 国学(こくがく)　　町人(ちょうにん)　　蘭学(らんがく)　　寺子屋(てらこや)　　歌川広重(うたがわひろしげ)　　近松門左衛門(ちかまつもんざえもん) |

2 次の文のうち、江戸時代の文化や学問について正しいものには○を、誤(あやま)っているものには×を書きましょう。　1つ8〔40点〕

① （　　　）江戸や大阪(おおさか)などの都市が、文化の中心となった。

② （　　　）芝居小屋では、能(のう)や狂言(きょうげん)が人気を集めた。

③ （　　　）浮世絵という、すみ1色で雄大(ゆうだい)な大自然を表現した絵画が大量につくられた。

④ （　　　）伊能忠敬(いのうただたか)は全国を測量し、正確な日本地図をつくった。

⑤ （　　　）本居宣長(もとおりのりなが)は、「古事記(こじき)」を研究した。

答えは
69ページ

江戸時代の文化と学問

／100点

1 次の文が説明している言葉を、あとの[＿＿＿]からそれぞれ選びましょう。 1つ10〔60点〕

①政治の中心であり、「将軍のおひざもと」とよばれた都市。

（　　　　　　　　）

②「天下の台所」とよばれた経済の中心地。 （　　　　　　　　）

③オランダ語の医学書をほん訳し、「解体新書」を出版した蘭学者2人。

（　　　　　　）（　　　　　　）

④全国を測量して歩き、正確な日本地図をつくった人。

（　　　　　　　　）

⑤「古事記伝」を完成させた国学者。 （　　　　　　　　）

```
大阪　江戸　杉田玄白　本居宣長　伊能忠敬　前野良沢
```

2 右の絵を見て、次の問いに答えましょう。 1つ10〔40点〕

(1) このように、人々の生活や風景をえがいた絵を、何といいますか。 （　　　　　　　）

(2) 次の文の□□にあてはまる言葉を書きましょう。

この絵は ① がえがいた「 ② 五十三次」の1枚です。

①（　　　　　　　） ②（　　　　　　　）

(3) この絵と同じころに、「富嶽三十六景」という風景画をえがいた人物を、次から選びましょう。 （　　　　　　　）

⑦近松門左衛門　　⑦葛飾北斎　　⑦雪舟

答えは
69ページ

開国から明治維新
めいじ いしん

/100点

1 次の文の（　　　）にあてはまる人物を、あとの　　　からそれぞ
れ選びましょう。

1つ10〔60点〕

●ききんで生活が苦しくなった人々を救おうと、幕府の元役人の
ばくふ

①（　　　　　　　　　）が、大阪で反乱を起こしました。
おおさか　はんらん

●開国後、薩摩藩の②（　　　　　　　　）や西郷隆盛、また、長
さつ ま はん　　　　　　　　　　　　　　　さいごうたかもり　　　　ちょう

州藩の③（　　　　　　　　）は、幕府をたおして新しい政府を
しゅう

つくる運動を始めました。

●15代将軍④（　　　　　　　　）は、政権を朝廷に返しました。
しょうぐん　　　　　　　　　　　　　　せいけん　ちょうてい

幕府の元役人だった⑤（　　　　　　　　）と、新政府軍の代表の

⑥（　　　　　　　　）は、江戸城の開城について話し合いました。
え ど じょう

> 木戸孝允　　　徳川慶喜　　　大久保利通
> き ど たかよし　とくがわよしのぶ　おおく ぼ としみち
> 勝海舟　　　西郷隆盛　　　大塩平八郎
> かつかいしゅう　　　さいごうたかもり　おおしおへいはちろう

2 次の文のうち、正しいものには○を、誤っているものには×を
あやま

書きましょう。

1つ8〔40点〕

①（　　）オランダのペリーが４せきの軍艦を率いて浦賀沖に現
ぐんかん　　　うら が おき

れ、日本に開国を強く求めた。

②（　　）日米和親条約によって、下田と函館の２港が開かれた。
にちべい わ しんじょうやく　　　　　しも だ　 はこだて

③（　　）幕府は、平等な日米修好通商条約を結んだ。
しゅうこうつうしょう

④（　　）外国と貿易が始まると、ものの値段が上がり、人々の
ね だん

生活は苦しくなった。

⑤（　　）明治政府は、明治天皇の名で五箇条の御誓文を発表し、
めいじ　　　　　　　てんのう　　　ご か じょう　ご せいもん

政治の方針を示した。
ほうしん

答えは
69ページ

かくにん 19

開国から明治維新

／100点

1 次の文が説明している言葉を、あとの ____ からそれぞれ選びましょう。

1つ12〔60点〕

(想像図)

① ききんなどのときに、百姓が団結して起こした行動。（　　　　　　）

② 右の絵のように、都市で人々が大商人などをおそうこと。（　　　　　　）

③ 坂本龍馬が間に立ち、薩摩藩と長州藩の間で結ばれた同盟。

（　　　　　　）

④ 明治天皇の名で出された新しい政治の方針。（　　　　　　）

⑤ 明治初め、社会全体に起きた大きな変化。（　　　　　　）

> 打ちこわし　　　薩長同盟　　　明治維新
> 百姓一揆　　　五箇条の御誓文

2 次の問いに答えましょう。

1つ10〔40点〕

(1) 1853年に日本に来て、開国を求めたアメリカ合衆国の使者はだれですか。

（　　　　　　）

(2) 幕府が(1)の人物と結んだ条約で開いた2港を、右の地図中の⑦〜①から選びましょう。（　　　）（　　　）

(3) 1858年に結ばれ、日本が5港を開いて外国と貿易を始めることを決めた条約を何といいますか。

（　　　　　　）

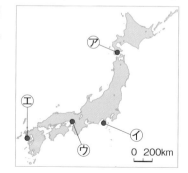

0　　200km

答えは
69ページ

きほん
20

明治維新の改革と文明開化

/100点

1 次の文の（　　）にあてはまる言葉を、あとの　　　からそれぞれ選びましょう。

1つ10〔50点〕

●明治政府は、政府の方針が全国にゆきわたるようにするため、
①（　　　　　　）を行って、政府の役人を各地に送りこみました。

●学校制度を整え、全国に②（　　　　　　）をつくりました。また、群馬県に③（　　　　　　）などの官営工場をつくり、殖産興業を進めました。

●富国強兵を進めるため、④（　　　　　　）を出して20才になった男子に兵役を義務づけ、⑤（　　　　　　）を行って税のしくみを改め、政府の収入を安定させました。

> 小学校　徴兵令　地租改正　廃藩置県　富岡製糸場

2 次のうち、文明開化による人々の暮らしの変化について、正しいものには○を、誤っているものには×を書きましょう。

1つ10〔50点〕

①（　　）牛肉を食べる人や、洋服を着る人が増えた。

②（　　）郵便制度が整えられた。

③（　　）新橋・横浜間に鉄道が開通した。

④（　　）オランダ語の書物を通して、ヨーロッパの学問がさかんに研究された。

⑤（　　）西洋の国々とはことなる、新しい暦が使われるようになった。

答えは
70ページ

明治維新の改革と文明開化

月　　日

10分

/100点

1 次の文が説明している言葉を、あとの ____ からそれぞれ選びましょう。

1つ10 (50点)

①工業をさかんにして、強い軍隊を持つこと。

（　　　　　　　　）

②近代的な産業をおこすこと。　　　　（　　　　　　　　）

③都市を中心に、西洋風の暮らしが広がったこと。

（　　　　　　　　）

④「学問のすゝめ」をあらわした人物。

⑤政府の使節団とともにアメリカにわたった留学生で、帰国後、日本の女子教育につくした人物。

（　　　　　　　　）

> 文明開化　　津田梅子　　殖産興業　　福沢諭吉　　富国強兵

2 右のグラフを見て、次の問いに答えましょう。

1つ10 (50点)

(1) 平民にあてはまるのはどのような人々ですか。次から3つ選びましょう。

（　　）（　　）（　　）

⑦町人　　　④大名　　　⑨百姓

④武士　　　⑦差別された人々

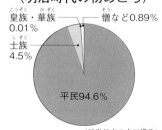

身分ごとの人口の割合
（明治時代の初めごろ）

皇族・華族 0.01%　　僧など0.89%

士族 4.5%

平民94.6%

（近世日本の人口構造）

(2) 古くから北海道に住み、平民とされた人々を何といいますか。

（　　　　　　　　）の人々

(3) 琉球王国があった地域には何という県が置かれましたか。

（　　　　　　　　）県

答えは
70ページ

きほん 21

月　日　10分

自由民権運動(じゆうみんけんうんどう)と2つの戦争①

／100点

1 次の文の（　　）にあてはまる言葉を、あとの［　］からそれぞれ選びましょう。　1つ10〔60点〕

- 政府の改革(かいかく)に不満を持つ鹿児島(かごしま)の士族(しぞく)は、①（　　　　　）を指導者に、西南(せいなん)戦争を起こしました。
- ②（　　　　　）らが、国会を開いて国民の声を聞くべきだと政府にせまり、③（　　　　　）が始まりました。
- 政府は、④（　　　　　）を中心に、皇帝(こうてい)の権力(けんりょく)が強いドイツの憲法(けんぽう)を参考に、憲法づくりを進めました。
- 国会は、⑤（　　　　　）と⑥（　　　　　）からなり、⑥の議員だけが国民の選挙で選ばれました。

衆議院(しゅうぎいん)	伊藤博文(いとうひろぶみ)	自由民権運動(じゆうみんけんうんどう)
貴族院(きぞくいん)	板垣退助(いたがきたいすけ)	西郷隆盛(さいごうたかもり)

2 次の文のうち、正しいものには○を、誤(あやま)っているものには×を書きましょう。　1つ10〔40点〕

①（　　）江戸(えど)時代に結ばれた不平等な条約の改正は、江戸幕府(ばくふ)がたおれると、すぐに実現した。

②（　　）ノルマントン号事件がきっかけとなって、国内で不平等条約の改正を求める声が高まった。

③（　　）陸奥宗光(むつむねみつ)がイギリスとの条約改正の交渉(こうしょう)に成功し、日本の法律(ほうりつ)で外国人の裁判(さいばん)ができるようになった。

④（　　）日清(にっしん)戦争の直前に、小村寿太郎(こむらじゅたろう)の交渉によって、日本は輸入品に自由に税をかけられるようになった。

答えは70ページ

かくにん **21**

自由民権運動と2つの戦争①

月　　日

/100点

1 次の文が説明している言葉を、あとの ┈┈ からそれぞれ選びましょう。

1つ10〔50点〕

①鹿児島の士族が起こした反乱。　　　　　　　（　　　　　　　）

②板垣退助が結成した政党。　　　　　　　　　（　　　　　　　）

③大隈重信が結成した政党。　　　　　　　　　（　　　　　　　）

④外国人が日本で罪を犯しても日本の法律で裁かれない権利。治外法権。　　　　　　　　　　　　　　　　（　　　　　　　）

⑤輸入品にかける税を自由に決める権利。　　（　　　　　　　）

> 自由党　　西南戦争　　立憲改進党　　関税自主権　　領事裁判権

2 右の資料を見て、次の問いに答えましょう。

1つ10〔50点〕

(1) この憲法を何といいますか。　（　　　　　　　）

(2) □に共通してあてはまる言葉を書きましょう。

（　　　　　　　）

(3) この憲法は、どの国の憲法を参考にしましたか。

（　　　　　　　）

> 第1条　日本は、永久に続く同じ
> 　　　家系の□□□が治める。
> 第4条　□□□は国の元首であり、
> 　　　国や国民を治める権限をもつ。
> 第5条　□□□は、議会の協力で
> 　　　法律をつくる。
> 第11条　□□□が陸海軍を統率する。
> 　　　　　　　　　　　　（一部）

(4) このころの国民の選挙権について、次の文の（　　）にあてはまる言葉を、あとからそれぞれ選びましょう。

　　一定の税金を納めた①（　　　　　）以上の②（　　　　　）に認められた。

㋐20才　　　㋑25才　　　㋒男子　　　㋓男女

社会6年―**44**

答えは
70ページ

自由民権運動と2つの戦争②

/100点

1 次の文の（　　　）にあてはまる言葉を、あとの　　　からそれぞれ選びましょう。

1つ10〔60点〕

● 日清戦争の直前、外務大臣の①（　　　　　　　　）は、条約の一部を改正し、領事裁判権（治外法権）をなくすことに成功しました。また、1911年には、外務大臣の②（　　　　　　　　）が条約改正を達成し、関税自主権が回復されました。

● 1910年、日本は③（　　　　　　　　）を併合して植民地としました。（韓国併合）

● 日本の産業が発展し、1901年には④（　　　　　　　　）が鉄鋼の生産を始めました。一方で、⑤（　　　　　　　　）鉱毒事件などの社会問題も起こりました。

● 1922年、差別に苦しんでいた人々が、⑥（　　　　　　　　）をつくり、差別をなくす運動を進めました。

> 陸奥宗光　　　全国水平社　　　小村寿太郎
> 足尾銅山　　　八幡製鉄所　　　朝鮮

2 次の文のうち、日清戦争についての文には○を、日露戦争についての文には△を書きましょう。

1つ8〔40点〕

①（　　）きっかけは、朝鮮で起こった内乱だった。

②（　　）東郷平八郎が、日本海海戦で活やくした。

③（　　）与謝野晶子が、戦場にいる弟を思う詩を発表した。

④（　　）日本は、多額の賠償金を得た。

⑤（　　）戦争に勝った日本は、台湾を植民地とした。

答えは
70ページ

自由民権運動と2つの戦争②

/100点

1 次の文が説明している人物を、あとの　　　からそれぞれ選びましょう。

1つ10〔50点〕

①「君死にたまふことなかれ」という詩を発表した。

（　　　　　　　）

②破傷風の治療のしかたを発見した。（　　　　　　　）

③アフリカで黄熱病を調査研究した。（　　　　　　　）

④足尾銅山の鉱毒の問題に取り組んだ。（　　　　　　　）

⑤女性の地位向上をめざす運動を進めた。（　　　　　　　）

> 北里柴三郎　与謝野晶子　田中正造　野口英世　平塚らいてう

2 右の年表を見て、次の問いに答えましょう。

1つ10〔50点〕

(1)　年表中の　　　にあてはまる言葉を、次の　　　からそれぞれ選びましょう。

①（　　　　　　　）

②（　　　　　　　）

③（　　　　　　　）

年	主なできごと
1894	①　　　が始まる
1904	②　　　が始まる
1914	③　　　が始まる
1923	関東大震災が起こる
1925	普通選挙制度が定められる

> 日露戦争　　第一次世界大戦　　日清戦争

(2)　下線部の選挙権について、次の文の（　　　　）にあてはまる言葉を、あとからそれぞれ選びましょう。

①（　　　　）25才以上の②（　　　　）に認められた。

⑦一定の税を納めた　　①すべての　　⑦男子　　①男女

答えは
70ページ

きほん 23

15年にわたる戦争①

/100点

1 次の文の（　　）にあてはまる言葉を、あとの からそれぞれ選びましょう。

1つ10〔60点〕

● 1931年、満州（中国東北部）にいた日本軍が、中国軍に攻撃を始めました。これを①（　　　　　　　　）といいます。

● さらに、1937年にはペキン（北京）の郊外で日本軍と中国軍がしょうとつし、②（　　　　　　　　）が始まりました。

● ヨーロッパでは、③（　　　　　　　　）が周りの国々を侵略し、1939年には、③とイギリスやフランスとの間で戦争が始まりました。これを④（　　　　　　　　）といいます。

● 1941年、日本がハワイにある⑤（　　　　　　　　）軍の基地を攻撃したことなどから、⑥（　　　　　　　　）が始まりました。

アメリカ	日中戦争	太平洋戦争
ドイツ	満州事変	第二次世界大戦

2 次の文のうち、正しいものには○を、誤っているものには×を書きましょう。

1つ8〔40点〕

①（　　）昭和初期、好景気になり人々の生活は豊かになった。

②（　　）満州を占領した日本軍は、満州国をつくり、政治の実権をにぎった。

③（　　）国際連盟が満州国の独立を認めなかったため、日本は国際連盟を脱退した。

④（　　）日中戦争は、始まって1か月ほどで終わった。

⑤（　　）1940年に、日本はイギリスと同盟を結んだ。

答えは
70ページ

15年にわたる戦争①

10分

/100点

1 次の文が説明している言葉を、あとの｛ ｝からそれぞれ選びましょう。

1つ10〔60点〕

① 満州国(まんしゅうこく)をめぐり、日本が脱退(だったい)した国際機関。（　　　　　　）

② 日中(にっちゅう)戦争中、日本が同盟(どうめい)を結んだ国2つ。

（　　　　　）（　　　　　）

③ 第二次世界大戦中に、日本が石油などの資源(しげん)を得ようと軍隊を進めた地域(ちいき)。　　　　　（　　　　　）

④ 太平洋(たいへいよう)戦争開始のときに日本が攻撃(こうげき)したアメリカ軍基地があった地域。　　　　　　　　　　　（　　　　　）

⑤ ④と同時に日本が攻撃した、マレー半島を支配していた国。

（　　　　　）

```
    ドイツ        イギリス        国際連盟(こくさいれんめい)
    ハワイ        イタリア        東南アジア
```

2 右の地図を見て、次の問いに答えましょう。　　1つ20〔40点〕

(1) Ⓐの地域を何といいますか。

（　　　　　　　）

(2) 日本軍に占領(せんりょう)されて多くの住民が殺された、当時の中国(ちゅうごく)の首都を、地図から選びましょう。（　　　　　）

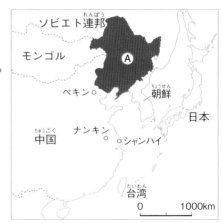

ソビエト連邦(れんぽう)
モンゴル
ペキン。
朝鮮(ちょうせん)
中国(ちゅうごく)
ナンキン
シャンハイ
日本
台湾(たいわん)
0　　1000km

答えは
70ページ

15年にわたる戦争②

／100点

1 次の文の（　　　）にあてはまる言葉を、あとの　　　からそれぞ
れ選びましょう。

1つ10〔60点〕

●1945年3月10日、①（　　　　　　　　　）がアメリカ軍の空襲(くうしゅう)で、
焼け野原となりました。4月には②（　　　　　　　　　）にアメ
リカ軍が上陸し、激(はげ)しい地上戦が行われました。

●アメリカ軍によって、1945年8月6日に③（　　　　　　　　）に、
同年8月9日に④（　　　　　　　　　）に原子爆弾(げんしばくだん)が投下されま
した。同時に、⑤（　　　　　　　　）が満州(まんしゅう)などにせめてきま
した。

●1945年8月15日に日本の降伏(こうふく)が天皇(てんのう)から国民に伝えられ、台湾(たいわん)
や⑥（　　　　　　　　　）は日本の支配から解放されました。

```
ソ連(れん)    沖縄島(おきなわじま)    長崎(ながさき)    朝鮮(ちょうせん)    広島(ひろしま)    東京(とうきょう)
```

2 次の文のうち、戦争中の人々の生活について正しいものには○
を、誤(あやま)っているものには×を書きましょう。

1つ8〔40点〕

①（　　　）買い物は配給制になったが、食料や日用品などの品物
　　　　　　はたくさんあった。

②（　　　）小学校でも、戦争の訓練が行われていた。

③（　　　）都市部の小学生は空襲をさけるため、地方へ集団で疎(そ)
　　　　　　開(かい)した。

④（　　　）学生は授業があるため、戦争には行かなかった。

⑤（　　　）国内の働き手が少なくなると、朝鮮や中国(ちゅうごく)の人々を連
　　　　　　れてきて、工場や鉱山などで働かせた。

15年にわたる戦争②

10分

/100点

1 次の文が説明している言葉を、あとの ___ からそれぞれ選びましょう。

1つ10〔40点〕

①飛行機が、都市に焼夷弾（しょういだん）などを落とし爆撃（ばくげき）すること。

（　　　　　　　　　）

②①からひなんするために地下につくられた施設（しせつ）。

（　　　　　　　　　）

③①をさけて、小学生が集団で地方にひなんすること。

（　　　　　　　　　）

④米や衣料を家族の人数に応じて配ること。（　　　　　　　　　）

```
防空壕（ぼうくうごう）　　疎開（そかい）　　空襲（くうしゅう）　　配給制
```

2 右の写真を見て、次の問いに答えましょう。

1つ12〔60点〕

(1) この建物がある都市はどこですか。

（　　　　　　　　）市

(2) この建物は何という爆弾（ばくだん）の被害（ひがい）を現在に伝えていますか。

（　　　　　　　　）

(3) (2)が(1)に投下されたのはいつですか。

1945年（　　　月　　　日）

(4) この建物はユネスコの何に登録されていますか。

（　　　　　　　　）

(5) 昭和天皇（しょうわてんのう）が、ラジオ放送で戦争が終わったことを国民に知らせたのはいつですか。　　1945年（　　　月　　　日）

答えは
71ページ

新しい日本のあゆみ①

1 次の文の（　　　）にあてはまる言葉を、あとの ＿＿＿ からそれぞれ選びましょう。

1つ10〔60点〕

●戦後、選挙法が改正され、右の写真のように初めて①（　　　　　　　）に選挙権（けん）が認（みと）められました。また、多くの②（　　　　　　　）が自分の土地を持てるようになりました。

●1946年11月3日に日本国憲法（けんぽう）が③（　　　　　　　）され、翌（よく）年5月3日から④（　　　　　　　）されました。

●日本国憲法は、⑤（　　　　　　　）主権（しゅけん）、基本的人権（じんけん）の尊重（そんちょう）、⑥（　　　　　　　）主義を、3つの柱としています。

> 農民　　女性　　国民　　施行（しこう）　　公布（こうふ）　　平和

2 次の文のうち、戦後改革（かいかく）について正しいものには○を、誤（あやま）っているものには×を書きましょう。

1つ8〔40点〕

①（　　　）労働者の権利（けんり）が保障（ほしょう）された。

②（　　　）義務教育が、小学校6年間と中学校3年間の9年間になった。

③（　　　）政党（せいとう）が解散させられた。

④（　　　）独占的（どくせん）な大会社をひとつにまとめて、産業の自由な発（はっ）展（てん）がはかられた。

⑤（　　　）軍隊が解散させられた。

答えは71ページ

かくにん 25

新しい日本のあゆみ①

/100点

1 次の文が説明している言葉を、あとの ［____］ からそれぞれ選びましょう。　　　　　　　　　1つ10〔40点〕

①国の政治を決める権利。（けん り）　　　　（　　　　　　　　）

②すべての人が持つ人間としての権利。　　（　　　　　　　　）

③第二次世界大戦後、世界の平和を守るためにつくられたしくみ。

（　　　　　　　　）

④1950年に、韓国（かんこく）と北朝鮮（きたちょうせん）の間で起こった戦争。

（　　　　　　　　）

┌─────────────────────────────┐
│　主権（しゅけん）　　　朝鮮戦争　　　国際連合　　　基本的人権（じんけん）　│
└─────────────────────────────┘

2 右の資料（し りょう）を読んで、次の問いに答えましょう。　　　　1つ12〔60点〕

(1)　下線部の憲法（けんぽう）を何といいますか。　（　　　　　　）

(2)　資料中の ［＿＿］ に共通してあてはまる言葉を書きましょう。

（　　　　　　）

(3)　この憲法がめざすのは、何にもとづく政治ですか。次から選びましょう。　（　　　　）

　㋐差別主義　　　㋑軍国主義　　　㋒民主主義

(4)　この憲法が公布（こうふ）された日、施行（し こう）された日を、それぞれ書きましょう。

　　①公布　1946年（　　月　　　日）

　　②施行　1947年（　　月　　　日）

┌────────────────────────┐
│　「あたらしい憲法のはなし」　　　　　　　　│
│　こんどの憲法では、日本の国が、けっして二度と ［＿＿］ をしないように、二つのことをきめました。その一つは、兵隊も軍艦（かん）も飛行機も、およそ ［＿＿］ をするためのものは、いっさいもたないということです。（一部）　│
└────────────────────────┘

答えは
71ページ

きほん 26　新しい日本のあゆみ②

/100点

1 次の文の（　　　）にあてはまる言葉を、あとの◻️◻️◻️からそれぞれ選びましょう。

1つ12〔60点〕

●1964年、東京で①（　　　　　　　　）・パラリンピックが開かれ、日本の復興と経済の発展を世界に印象づけました。

●日本と②（　　　　　　　）は1972年に国交を正常化し、1978年には平和友好条約を結びました。

●太平洋戦争後もアメリカに占領されていた③（　　　　　　　　）は、1972年に日本に返還されました。

●ソ連を引きついだ④（　　　　　　　）と日本の間には、北方領土問題があります。

●北海道に古くから住んでいる人々を尊重するために、1997年に⑤（　　　　　　　）文化を守る法律が定められました。

> 沖縄　アイヌ　オリンピック　中国　ロシア連邦

2 次の文のうち、正しいものには○を、誤っているものには×を書きましょう。

1つ10〔40点〕

①（　　）太平洋戦争が終わって１年ほどで、新幹線や高速道路が整備された。

②（　　）高度経済成長とよばれる発展の一方で、公害などの環境問題も起こった。

③（　　）日本と北朝鮮は国交が開かれているが、韓国とはいまだに国交がない。

④（　　）2002年に、初めての日朝首脳会談が行われた。

答えは71ページ

新しい日本のあゆみ②

月　　日

10分

/100点

1 次の文が説明している言葉を、あとの ___ からそれぞれ選びましょう。

1つ14〔70点〕

①1951年に、日本と、アメリカなど48か国との間で結ばれた条約。

（　　　　　　　　　　）条約

②①と同時に、日本とアメリカとの間で結ばれた条約。

（　　　　　　　　　　）条約

③1978年、日本と中国（ちゅうごく）が結んだ条約。（　　　　　　　　　）条約

④現在も沖縄（おきなわ）に広い基地を持っている国。　　（　　　　　　　　　）

⑤日本がロシア連邦（れんぽう）に返還（へんかん）を求めている、歯舞群島（はぼまいぐんとう）・色丹島（しこたん）・国後島（くなしり）・択捉島（えとろふ）のこと。

（　　　　　　　　　　）

> 北方領土（ほっぽうりょうど）　　日中平和友好（にっちゅう）　　日米安全保障（にちべい）（ほしょう）
>
> アメリカ　　　サンフランシスコ平和

2 右の写真を見て、次の問いに答えましょう。

1つ10〔30点〕

(1) オリンピックに向けて整備された、この交通機関を何といいますか。（　　　　　　　　　）

(2) 1964年にオリンピック・パラリンピックが開かれた都市はどこですか。（　　　　　　　　　）

(3) このころの日本の経済（けいざい）の急速な発展（はってん）を何といいますか。漢字6字で書きましょう。（　　　　　　　　　）

答えは
71ページ

きほん 27 日本とつながりのある国々①

／100点

1 次の文の（　）にあてはまる言葉を、あとの から それぞ れ選びましょう。

1つ12〔60点〕

●アメリカの首都は①（　　　　　　　　　）ですが、最大の都市は
②（　　　　　　　　　）で、世界の政治・経済（けいざい）の中心です。

●アメリカでは③（　　　　　　　　　）などのスポーツがさかんで、
メジャーリーグでは多くの日本人が活やくしています。

●韓国（かんこく）の首都④（　　　　　　　　　）やプサンは、日本のあちこち
の都市と飛行機などで結ばれています。

●フランスには歴史的な建物や美術館などが多くあることから、
⑤（　　　　　　　　　）業がさかんです。

```
　　　観光　　　ソウル　　　野球
ワシントンD.C.（ディーシー）　　　ニューヨーク
```

2 次の文のうち、アメリカについて書かれているものには○を、
韓国について書かれているものには△を書きましょう。

1つ10〔40点〕

①（　　）先住民や移民など多くの人種や民族の人々が暮（く）らす、
多文化社会の国である。

②（　　）広大な農場で大型機械を使って生産した農産物を、世
界中に輸出している。

③（　　）江戸（えど）時代に、この国の通信使（つうしんし）が何度も日本へ送られた。

④（　　）宇宙（うちゅう）開発の研究が進み、世界各国の人々が参加したり、
協力したりしている。

答えは
71ページ

日本とつながりのある国々①

/100点

1 次の文が説明している言葉を、あとの◯◯◯からそれぞれ選びましょう。

1つ10〔40点〕

①アメリカなどで10月31日に行われる行事。子どもが仮装(かそう)して近所を回り、おかしをもらう。（　　　　　）

②アメリカから世界に広まった食べ物。（　　　　　）

③韓国(かんこく)の伝統的な女性の衣装(いしょう)。（　　　　　）

④韓国の伝統的な漬物(つけもの)。（　　　　　）

```
キムチ　　チマ・チョゴリ　　ハロウィン　　ハンバーガー
```

2 日本とアメリカとの最近の貿易の内容をあらわした次のグラフを見て、あとの問いに答えましょう。

1つ12〔60点〕

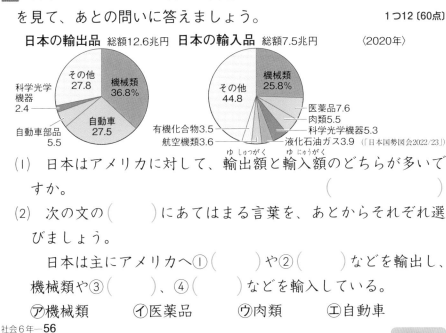

日本の輸出品 総額12.6兆円　**日本の輸入品** 総額7.5兆円　〈2020年〉

日本の輸出品：機械類36.8%、自動車27.5、その他27.8、自動車部品5.5、科学光学機器2.4

日本の輸入品：機械類25.8%、その他44.8、医薬品7.6、肉類5.5、科学光学機器5.3、液化石油ガス3.9、航空機類3.6、有機化合物3.5（「日本国勢図会2022/23」）

(1) 日本はアメリカに対して、輸出額(ゆしゅつがく)と輸入額(ゆにゅうがく)のどちらが多いですか。（　　　　　）

(2) 次の文の（　　）にあてはまる言葉を、あとからそれぞれ選びましょう。

　日本は主にアメリカへ①（　　　）や②（　　　）などを輸出し、機械類や③（　　　）、④（　　　）などを輸入している。

㋐機械類　　㋑医薬品　　㋒肉類　　㋓自動車

答えは
71ページ

きほん 28 日本とつながりのある国々②

/100点

1 次の文の（　　　）にあてはまる言葉を、あとの からそれぞれ選びましょう。

1つ10〔60点〕

●中国の首都である①（　　　　　　　　）や、海に近い大都市の

②（　　　　　　　　）には、外国の企業が多く進出しています。

●中国の人口の90％以上が③（　　　　　　　　）です。

●日本は、古くから中国の文化のえいきょうを受けてきました。

④（　　　　　　　　）を飲む習慣も中国から伝わりました。

●ブラジルは、鉄の原料となる⑤（　　　　　　　　）の生産がさ

かんです。農産物では⑥（　　　　　　　　）の生産量が世界一

です。

```
    お茶       漢族        鉄鉱石
    ペキン     コーヒー      シャンハイ
```

2 次の文のうち、中国について書かれているものには○を、ブラジルについて書かれているものには△を書きましょう。

1つ8〔40点〕

①（　　　）日本から見て、地球の反対側にある。

②（　　　）日本の最大の貿易相手国である。

③（　　　）アマゾン川流域に広大な熱帯林が見られる。

④（　　　）人口の約9割をしめる民族のほかに50以上の民族が住み、それぞれが特有の文化や習慣をもっている。

⑤（　　　）明治時代になってから多くの日本人が移住し、現在もその子孫が多く暮らしている。

答えは72ページ

かくにん 28 日本とつながりのある国々②

/100点

1 次の文が説明している言葉を、あとの　　　からそれぞれ選びましょう。

1つ10〔40点〕

①中国で人口増加をおさえるために行われていた政策。

（　　　　　　　　　）

②日本のお正月にあたる中国の行事。　（　　　　　　　　　）

③ブラジルのリオデジャネイロなどが有名なキリスト教の祭り。

（　　　　　　　　　）

④日本からブラジルなどの外国へ移り住んだ人々の子孫。

（　　　　　　　　　）

> 春節　　　日系人　　　カーニバル　　　一人っ子政策

2 右のグラフを見て、次の問いに答えましょう。

1つ12〔60点〕

(1) 日本に住む外国人のうち、最も多いのはどこの国の人ですか。

（　　　　　　　　　）

日本に住む外国人 〈2021年〉
合計：276万1000人

ネパール 3.5
その他 22.6
中国 26.0%
ブラジル 7.4
フィリピン 10.0
韓国 14.8
ベトナム 15.7

（「日本国勢図会2022/23」）

(2) 中国から日本に伝わったものを、次から3つ選びましょう。

（　　　）（　　　）（　　　）

㋐お茶　　㋑ジーンズ　　㋒キムチ　　㋓漢字　　㋔ぎょうざ

(3) ブラジルの国旗を、次から選びましょう。　（　　　　　　）

㋐　　㋑　　㋒

答えは 72ページ

日本とつながりのある国々③

/100点

1 次の文の（　　）にあてはまる言葉を、あとの［　　］からそれぞれ選びましょう。

1つ10〔50点〕

●サウジアラビアは、国土の大半が①（　　　　　）におおわれています。

●右はサウジアラビアの国旗です。中央の文字は、②（　　　　　）の聖典である③（　　　　　）の1節をアラビア語で示しています。②の信者は、教えに従って生活し、1日に5回、聖地④（　　　　　）の方向に向かっておいのりをします。

●サウジアラビアは、世界でも有数の⑤（　　　　　）の産出国です。

> 砂漠　　石油　　メッカ　　イスラム教　　コーラン

2 次の文のうち、サウジアラビアの人々の生活について書かれているものには○を、ほかの国について書かれているものには△を書きましょう。

1つ10〔50点〕

①（　　　）人口が多く、一人っ子政策が行われていた。

②（　　　）学校では、男子と女子が別々に勉強する。

③（　　　）開発や木材の輸出のためアマゾンの熱帯林が減少し、そこに住む先住民族の生活がおびやかされている。

④（　　　）キムチやチヂミを日常的に食べる。

⑤（　　　）国民のほとんどがイスラム教を信仰している。

答えは
72ページ

日本とつながりのある国々③

月　　日　　⏱10分

/100点

1 次の地図を見て、あとの問いに答えましょう。　1つ10〔100点〕

(1) 地図中の⑦～⑰の国の名前を書きましょう。

⑦（　　　　　　　）　⑦（　　　　　　　）

⑦（　　　　　　　）　⑦（　　　　　　　）

⑦（　　　　　　　）　⑰（　　　　　　　）

(2) 次の①～④にあてはまる国を、地図中の⑦～⑰からそれぞれ選びましょう。

①（　　　）　②（　　　）　③（　　　）　④（　　　）

①政治・経済(けいざい)・文化の面で世界に大きなえいきょうをあたえている国。野球がさかんで、日本人選手も活やくしている。

②日本から見て、地球の反対側にある国。日本にルーツのある日系人(にっけいじん)が多く住む。

③人口の多さは世界でも上位で、急速な経済発展(はってん)を続けている。日本とは古くから交流がある。

④朝鮮(ちょうせん)半島の南部にある国で、日本に最も近い国の1つ。

答えは
72ページ

きほん 30

世界の課題と国際協力①

/100点

1 次の文の（　　）にあてはまる言葉を、あとの　　からそれぞれ選びましょう。

1つ10〔50点〕

●日本は、発展途上の国や地域に①（　　　　　　　　）を送り技術指導などを行っています。また②（　　　　　　　　）が国連の平和維持活動に参加して、道路の整備などを行いました。

●③（　　　　　　　　）とよばれる民間の団体も、医療などの分野で国際協力の活動を行っています。

●国際連合（国連）の機関には、

ユネスコ（＝国連④（　　　　　　　　）科学文化機関）や、

ユニセフ（＝国連⑤（　　　　　　　　）基金）などがあります。

> 教育　　　児童　　　自衛隊　　　NGO　　　青年海外協力隊

2 次の文のうち、国連について、正しいものには○を、誤っているものには×を書きましょう。

1つ10〔50点〕

①（　　）国連の目的は、世界の平和と安全を守ることである。

②（　　）現在、国連には、世界の190あまりの国のうち、51か国が加盟している。

③（　　）日本は国連には加盟せず、その費用をまったく分担していない。

④（　　）ユネスコは、世界文化遺産の修復・保存などを行っている。

⑤（　　）ユニセフは、子どもたちの命や権利を守る活動を行っている。

答えは
72ページ

世界の課題と国際協力①

月　　日

10分

／100点

1 次の図の（　　　）にあてはまる言葉を、あとの▢▢▢からそれぞれ選びましょう。

1つ15〔60点〕

平和な世界を実現するために活動している主な組織

①（　　　　　　　　　） 教育、科学、文化を通して、平和な社会をつくるための国連機関。	②（　　　　　　　　　） 厳しい状況にある子どもたちを守るための国連機関。
③（　　　　　　　　　） 青年海外協力隊などのＯＤＡとよばれる政府の活動。	④（　　　　　　　　　） 世界各地で国際協力を行っている民間の団体（非政府組織）。

ユニセフ　　ユネスコ　　政府開発援助　　ＮＧＯ

2 右の資料を読んで、次の問いに答えましょう。

1つ10〔40点〕

(1) 資料は、1945年につくられた国際機関の目的を示した憲章の一部です。この機関を何といいますか。（　　　　　　　　　）

(2) 資料中の▢にあてはまる言葉を、次からそれぞれ選びましょう。①（　　　）②（　　　）③（　　　）

⑦平等　　⑦平和　　⑦戦争　　⑤話し合い

●世界の ① と安全を守り、国と国との争いは ② によって解決する。

●すべての国は ③ であり、世界の国々はなかよく発展していくことを考える。

答えは
72ページ

きほん 31 世界の課題と国際協力②

/100点

1 次の文の（　　　）にあてはまる言葉を、あとの[____]からそれぞれ選びましょう。

1つ10〔50点〕

●自動車や工場から排出（はいしゅつ）されるちっ素酸化物などが原因で発生する①（　　　　　　　　）により、湖の生物が死んだり、森林がかれたりしています。

●自動車や工場が排出する②（　　　　　　　　）が大気中に増えることで、③（　　　　　　　　）が進んでいます。

●木の切りすぎや多すぎる家畜（かちく）の放牧で④（　　　　　　　　）が進み、植物が育たない土地が広がっています。

●2015年の国連サミットで、持続可能な社会を実現するための17の目標⑤（　　　　　　　　）が採択（さいたく）されました。

> ＳＤＧs（エスディージーズ）　地球温暖化（おんだんか）　二酸化炭素　砂漠化（さばくか）　酸性雨（さんせいう）

2 次の文のうち、正しいものには○を、誤（あやま）っているものには×を書きましょう。

1つ10〔50点〕

①（　　）世界各地で、政治的・経済的（けいざい）な理由や民族・宗教（しゅうきょう）などの対立による紛争（ふんそう）が起こっている。

②（　　）オリンピックやパラリンピックは、芸術の祭典として世界じゅうの注目を集めている。

③（　　）世界の国々と友好を深めるために、国旗と国歌を尊重（そんちょう）し合うことが大切である。

④（　　）国際社会では、おたがいの文化を気にする必要はない。

⑤（　　）小学生にも国際協力のためにできることがある。

答えは **72ページ**

月　　日　　⏱10分

世界の課題と国際協力②

／100点

1 次の文が説明している言葉を、あとの⎡⎤からそれぞれ選びましょう。

1つ10〔40点〕

①二酸化炭素など、地球温暖化（おんだんか）の原因となる気体。

（　　　　　　　　　）

②豊かな生活のための開発と、環境保全（かんきょう）のバランスが取れている社会。

（　　　　　　　　　）

③独立国のしるし。日本では日の丸。　（　　　　　　　　　）

④独立国のしるし。日本では君が代。　（　　　　　　　　　）

> 国歌　　国旗　　持続可能な社会　　温室効果ガス

2 次の資料は、「持続可能な開発目標（ＳＤＧ ｓ）エスディージーズ」のうちの一部です。あとの①〜④の文に関係の深いものを㋐〜㋓からそれぞれ選びましょう。

1つ15〔60点〕

> ㋐　目標2　飢餓（きが）をゼロに
> ㋑　目標6　安全な水とトイレを世界中に
> ㋒　目標11　住み続けられるまちづくりを
> ㋓　目標13　気候変動に具体的な対策（たいさく）を

①災害に強いまちづくりを進める。　（　　　　）

②二酸化炭素などの排出量（はいしゅつ）をおさえる。　（　　　　）

③農業技術を高めて食料の生産を増やす。　（　　　　）

④水道・下水道を整備する。　（　　　　）

答えは **72**ページ

答え

① 　　　　　　　　　　3・4ページ

1 (1)①日本国憲法　②象徴
　　③内閣　④国事行為
　(2)①国民主権
　　②基本的人権の尊重
　　③平和主義

てびき (1)④国事行為のほか、被災地
への訪問なども行います。

2 ①○　②○　③△　④△　⑤○

てびき 憲法では③・④のほかに、仕
事について働くことが国民の義務
として定められています。

★　★　★

1 (1)5 (月) 3 (日)
　(2)文化の日
　(3)⑦・④　(4)①⑦　②①　③④
2 (1)非核三原則
　(2)もちこませない　(3)平和主義

② 　　　　　　　　　　5・6ページ

1 ①国会　②衆議　③参議
　④内閣　⑤内閣総理大臣
　⑥税金

2 ①○　②○　③△　④○　⑤△

てびき ④条約は内閣が結び、国会
が承認します。

★　★　★

1 (1)首相　(2)国務大臣　(3)閣議
　(4)世論
2 (1)①低く　②国民　③国民主権
　(2)18

③ 　　　　　　　　　　7・8ページ

1 ①裁判所　②法律　③裁判
　④三権分立　⑤立法　⑥行政
　⑦司法

2 ①○　②×　③×　④○　⑤○

てびき ②三権分立は、1つの機関
に権力が集中しないようにするし
くみです。

★　★　★

1 (1)3
　(2)(例) 裁判のまちがいを防ぐ
　　ため。
　(3)裁判員制度
2 (1)①④　②オ　③ウ　④エ
　(2)審査

4

1 ①地震 ②津波
③ライフライン ④避難所
⑤災害対策 ⑥相互応援

2 ①○ ②× ③○ ④× ⑤○

てびき ②外国から救援隊がかけつけ、多くの支援物資や寄付金が届けられました。④住宅の修理の補助金などが出されます。

★ ★ ★

1 (1)東日本大震災 (2)復興
(3)ボランティア

2 (1)①日本赤十字社 ②都道府県
③自衛隊 (2)イ・エ

5

1 ①議会 ②選挙 ③条例
④予算 ⑤税金 ⑥補助金

2 ①○ ②× ③○ ④○ ⑤×

てびき ⑤地域に住んでいる人、土地をもっている人が納める税金もあります。

★ ★ ★

1 (1)①住民 ②市 ③議会
④国や県
(2)ア・ウ・オ

てびき (2)ウ・オは、国や都道府県も行います。

6

1 ①狩り ②縄文 ③米づくり
④弥生 ⑤たて穴 ⑥堀

2 ①△ ②○ ③○ ④△

てびき ①米づくりにはたくさんの人の協力と、人々をまとめるかしらが必要です。④青銅器と鉄器は米づくりと同じころに伝わりました。

★ ★ ★

1 ①土偶 ②貝塚 ③石包丁
④三内丸山遺跡
⑤吉野ヶ里遺跡

2 (1)米〔食料〕 (2)ア・ウ
(3)(例)他のむらとの争いに備えるため。

7

1 ①豪族 ②卑弥呼 ③大王
④渡来人 ⑤仏教 ⑥古事記

2 ①○ ②× ③× ④○

★ ★ ★

1 (1)大仙〔仁徳天皇陵〕
(2)大和
(3)①・②関東・九州 (順不同)

てびき (3)△の古墳が、関東地方と九州地方にあることから考えます。

2 (1)①はにわ ②銅鐸
(2)①ウ ②ア (3)前方後円

8 17・18ページ

1 ①冠位十二階　②遣隋使
　　③中大兄皇子　④蘇我氏
　　⑤年号　⑥天皇

2 ①△　②○　③○　④○　⑤△

★★★

1 ①小野妹子　②法隆寺
　　③大化の改新　④中臣鎌足

2 (1)十七条の憲法
　　(2)聖徳太子〔厩戸王、厩戸皇子〕　(3)ウ

てびき 聖徳太子は、豪族たちの争いをやめさせて、天皇中心の国づくりを進めようとしました。

9 19・20ページ

1 ①平城京　②国分寺　③東大寺
　　④行基　⑤鑑真　⑥唐招提寺

2 ①×　②○　③×　④○　⑤○

てびき ①・③は飛鳥時代です。

★★★

1 ①租　②木簡　③貴族　④律令
　　⑤藤原京　⑥遣唐使　⑦正倉院

2 (1)聖武　(2)大仏
　　(3)(例)仏教の力で不安な世の中を治めるため。

てびき (3)聖武天皇の命令で、国ごとに国分寺も建てられました。

10 21・22ページ

1 ①平安京　②貴族　③藤原道長
　　④紫式部　⑤清少納言
　　⑥かな文字

2 ①○　②×　③○　④×　⑤○

てびき ②は奈良時代のできごとです。④は農民ではなく貴族です。

★★★

1 ①ひらがな　②カタカナ
　　③寝殿造　④源氏物語
　　⑤枕草子

2 (1)藤原道長　(2)ウ
　　(3)日本風の文化〔国風文化〕

11 23・24ページ

1 ①武士　②平清盛
　　③源頼朝　④征夷大将軍
　　⑤執権

2 ①○　②×　③×　④×　⑤○

てびき ②守護を置きました。④⑤朝廷が幕府をたおそうとしましたが、団結した武士に敗れました（承久の乱）。

★★★

1 (1)①エ・壇ノ浦　②イ・鎌倉
　　(2)源義経

2 (1)①ア・エ　②イ・ウ
　　(2)①奉公　②ご恩

12 　　　　25・26ページ

1 ①モンゴル　②九州北部
　　③北条時宗（ほうじょうときむね）　④火薬兵器
　　⑤集団　⑥竹崎季長（たけざきすえなが）

2 ①×　②○　③×　④○

てびき ①元（げん）の要求をこばみました。
③・④戦いには勝ちましたが、新
しい土地を得られず、武士に領地
をあたえられませんでした。

★　★　★

1 (1)鎌倉（かまくら）　(2)④
　　(3)(例)新しい領地をもらえな
　　　かった

2 (1)元　(2)②　(3)⑦・⑤

13 　　　　27・28ページ

1 ①室町（むろまち）　②足利義満（あしかがよしみつ）　③明（みん）
　　④足利義政（よしまさ）　⑤雪舟（せっしゅう）　⑥世阿弥（ぜあみ）

2 ①×　②×　③○　④○　⑤○

てびき ①は奈良（なら）時代、②は平安（へいあん）時
代の文化です。

★　★　★

1 ①大名（だいみょう）　②金閣（きんかく）　③銀閣（ぎんかく）
　　④水墨画（すいぼくが）　⑤能（のう）　⑥応仁（おうにん）の乱（らん）

2 (1)書院造（しょいんづくり）
　　(2)たたみ、障子（しょうじ）、ふすま、違い（ちがい）
　　　棚（だな）から2つ。
　　(3)④

14 　　　　29・30ページ

1 ①桶狭間（おけはざま）　②京都（きょうと）　③安土（あづち）
　　④南蛮貿易（なんばん）　⑤堺（さかい）　⑥明智光秀（あけちみつひで）

2 ①○　②×　③○　④×　⑤○

てびき ②室町（むろまち）時代に足利義満（あしかがよしみつ）が行
いました。④仏教勢力に対抗（たいこう）する
ためキリスト教を保護しました。

★　★　★

1 ①戦国大名（せんごくだいみょう）　②種子島（たねがしま）
　　③キリスト教　④延暦寺（えんりゃくじ）
　　⑤本能寺（ほんのうじ）

2 (1)長篠（ながしの）　(2)織田信長（おだのぶなが）　(3)⑦
　　(4)(例)多くの鉄砲（てっぽう）を使って
　　　戦っているから。

15 　　　　31・32ページ

1 ①豊臣秀吉（とよとみひでよし）　②大阪（おおさか）　③関白（かんぱく）
　　④一向宗（いっこうしゅう）　⑤朝鮮（ちょうせん）

2 ①×　②×　③○　④○　⑤×

てびき ①・②・⑤は織田信長（おだのぶなが）です。

★　★　★

1 (1)検地（けんち）　(2)年貢（ねんぐ）　(3)刀狩（かたながり）
　　(4)⑦
　　(5)(例)武士と百姓（ひゃくしょう）の身分が
　　　はっきり区別された。
　　(6)朝鮮

てびき (1)ものさしの長さや、ます
の大きさが統一されました。

1 ①関ヶ原（せきがはら）　②征夷大将軍（せいいたいしょうぐん）
　③江戸（えど）　④親藩（しんぱん）　⑤譜代（ふだい）
　⑥外様（とざま）　⑦武家諸法度（ぶけしょはっと）
　⑧城下町（じょうかまち）

2 ①○　②○　③×　④○

てびき ③キリスト教を禁止しました。

★　★　★

1 (1)①④　②⑦　(2)④・エ
2 (1)②　(2)ウ　(3)参勤交代（さんきんこうたい）
　(4)(例)移動や江戸での生活に
　　多くの費用がかかったから。

てびき (1)外様大名（だいみょう）は江戸から遠い
地域（ちいき）に置かれました。

1 ①朱印状（しゅいんじょう）　②日本町（にほんまち）
　③島原・天草一揆（しまばら・あまくさいっき）　④オランダ
　⑤長崎（ながさき）　⑥出島（でじま）

2 ①×　②○　③×　④○　⑤○

てびき ①鎖国（さこく）の目的のひとつはキ
リスト教の禁止です。③朝鮮（ちょうせん）とは
対馬藩（つしまはん）を通じて交流しました。

★　★　★

1 ①鎖国（さこく）　②中国・オランダ（ちゅうごく）
　③通信使（つうしんし）　④琉球（りゅうきゅう）
　⑤シャクシャイン

2 (1)絵踏み（えふみ）　(2)ウ

1 ①町人（ちょうにん）　②近松門左衛門（ちかまつもんざえもん）
　③歌川広重（うたがわひろしげ）　④蘭学（らんがく）　⑤国学（こくがく）
　⑥寺子屋（てらこや）

2 ①○　②×　③×　④○　⑤○

てびき ②歌舞伎（かぶき）や人形浄瑠璃（にんぎょうじょうるり）が人
気を集めました。

★　★　★

1 ①江戸（えど）　②大阪（おおさか）
　③杉田玄白・前野良沢（すぎたげんぱく・まえののりょうたく）
　④伊能忠敬（いのうただたか）　⑤本居宣長（もとおりのりなが）

2 (1)浮世絵（うきよえ）
　(2)①歌川広重（うたがわひろしげ）　②東海道（とうかいどう）　(3)④

1 ①大塩平八郎（おおしおへいはちろう）　②大久保利通（おおくぼとしみち）
　③木戸孝允（きどたかよし）　④徳川慶喜（とくがわよしのぶ）
　⑤勝海舟（かつかいしゅう）　⑥西郷隆盛（さいごうたかもり）

2 ①×　②○　③×　④○　⑤○

てびき ①オランダでなくアメリカ
です。③日本に不利な内容でした。

★　★　★

1 ①百姓一揆（ひゃくしょういっき）　②打ちこわし
　③薩長同盟（さっちょうどうめい）
　④五箇条の御誓文（ごかじょうのごせいもん）　⑤明治維新（めいじいしん）

2 (1)ペリー　(2)⑦・④
　(3)日米修好通商条約（しゅうこうつうしょう）

てびき (2)下田（しもだ）と函館（はこだて）の2港です。

1 ①廃藩置県　②小学校
　③富岡製糸場
　④徴兵令　⑤地租改正

2 ①○　②○　③○　④×　⑤×

てびき ④江戸時代のことです。⑤
西洋と同じ太陽暦になりました。

★ ★ ★

1 ①富国強兵　②殖産興業
　③文明開化　④福沢諭吉
　⑤津田梅子

2 (1)⑦・⑨・⑦　(2)アイヌ
　(3)沖縄

1 ①西郷隆盛　②板垣退助
　③自由民権運動　④伊藤博文
　⑤貴族院　⑥衆議院

2 ①×　②○　③○　④×

てびき ①・④日露戦争後の1911年
に関税自主権が回復され、条約改
正が達成されました。

★ ★ ★

1 ①西南戦争　②自由党
　③立憲改進党　④領事裁判権
　⑤関税自主権

2 (1)大日本帝国憲法　(2)天皇
　(3)ドイツ　(4)①イ　②ウ

1 ①陸奥宗光　②小村寿太郎
　③朝鮮　④八幡製鉄所
　⑤足尾銅山　⑥全国水平社

2 ①○　②△　③△　④○　⑤○

★ ★ ★

1 ①与謝野晶子　②北里柴三郎
　③野口英世　④田中正造
　⑤平塚らいてう

2 (1)①日清戦争　②日露戦争
　③第一次世界大戦
　(2)①イ　②ウ

1 ①満州事変　②日中戦争
　③ドイツ　④第二次世界大戦
　⑤アメリカ　⑥太平洋戦争

2 ①×　②○　③○　④×　⑤×

てびき ①アメリカで始まった不景
気が世界中に広まっていました。
④約8年続きました。

★ ★ ★

1 ①国際連盟
　②ドイツ・イタリア
　③東南アジア　④ハワイ
　⑤イギリス

2 (1)満州〔中国東北部〕
　(2)ナンキン

1　①東京　②沖縄島　③広島
　　④長崎　⑤ソ連　⑥朝鮮

2　①×　②○　③○　④×　⑤○

てびき　④戦争が激しくなると、大
学生も戦場に送られました。

★　★　★

1　①空襲　②防空壕　③疎開
　　④配給制

2　(1)広島　(2)原子爆弾〔原爆〕
　　(3)8（月）6（日）
　　(4)世界遺産〔世界文化遺産〕
　　(5)8（月）15（日）

1　①女性　②農民　③公布
　　④施行　⑤国民　⑥平和

2　①○　②○　③×　④×　⑤○

てびき　③戦争中ほとんどの政党は
解散しましたが、戦後は政党が復
活しました。④大会社は、戦争に
協力したとして、解体されました。

★　★　★

1　①主権　②基本的人権
　　③国際連合　④朝鮮戦争

2　(1)日本国憲法　(2)戦争　(3)ウ
　　(4)① 11（月）3（日）
　　　② 5（月）3（日）

1　①オリンピック　②中国
　　③沖縄　④ロシア連邦
　　⑤アイヌ

2　①×　②○　③×　④○

てびき　①新幹線や高速道路が整備
されたのは1960年代です。

★　★　★

1　①サンフランシスコ平和
　　②日米安全保障
　　③日中平和友好
　　④アメリカ　⑤北方領土

2　(1)新幹線〔東海道新幹線〕
　　(2)東京　(3)高度経済成長

1　①ワシントン D.C.
　　②ニューヨーク　③野球
　　④ソウル　⑤観光

2　①○　②○　③△　④○

★　★　★

1　①ハロウィン　②ハンバーガー
　　③チマ・チョゴリ　④キムチ

2　(1)輸出額
　　(2)①・②⑦・エ　③・④⑦・ウ
　　（順不同）

てびき　アメリカは日本にとって重
要な貿易相手国です。

1　①ペキン　②シャンハイ
　　③漢族　④お茶　⑤鉄鉱石
　　⑥コーヒー

2　①△　②○　③△　④○　⑤△

てびき　①ブラジルは南半球にあり、
日本と季節が逆になります。

★　★　★

1　①一人っ子政策（せいさく）　②春節（しゅんせつ）
　　③カーニバル　④日系人（にっけいじん）

2　(1)中国（ちゅうごく）　(2)⑦・⑤・⑦　(3)⑦

てびき　(2)ジーンズはアメリカ、キ
ムチは韓国（かんこく）から伝わりました。

1　①砂漠（さばく）　②イスラム教
　　③コーラン　④メッカ　⑤石油

2　①△　②○　③△　④△　⑤○

てびき　①は中国（ちゅうごく）、③はブラジル、
④は韓国（かんこく）です。

★　★　★

1　(1)⑦フランス
　　　⑦サウジアラビア
　　　⑦中国〔中華人民共和国〕（ちゅうかじんみんきょうわこく）
　　　⑦韓国〔大韓民国〕（だいかんみんこく）
　　　⑦アメリカ〔アメリカ合衆国〕（がっしゅうこく）
　　　⑦ブラジル
　　(2)①⑦　②⑦　③⑦　④⑦

1　①青年海外協力隊　②自衛隊
　　③NGO（エヌジーオー）　④教育　⑤児童

2　①○　②×　③×　④○　⑤○

てびき　②51か国で発足（ほっそく）し、現在は
ほとんどの国が加盟（かめい）しています。
③日本は1956年に加盟しました。
分担（ぶんたん）金も多く出しています。

★　★　★

1　①ユネスコ　②ユニセフ
　　③政府開発援助（えんじょ）　④NGO

てびき　①世界遺産（いさん）の登録や保護を
行っている機関です。

2　(1)国際連合〔国連〕
　　(2)①⑦　②⑦　③⑦

1　①酸性雨（さんせいう）　②二酸化炭素（にさんかたんそ）
　　③地球温暖化（おんだんか）　④砂漠化（さばくか）
　　⑤SDGs（エスディージーズ）

2　①○　②×　③○　④×　⑤○

てびき　②スポーツの祭典です。

★　★　★

1　①温室効果ガス
　　②持続可能な社会
　　③国旗　④国歌

2　①⑦　②⑦　③⑦　④⑦

てびき　17の目標があります。